AF203485

Les perles de Pyla

Marie Gauvillé

Les perles de Pyla

Ernst Klett Sprachen
Stuttgart

1. Auflage   8 | 2025

Alle Drucke dieser Auflage sind unverändert und können im Unterricht nebeneinander verwendet werden.
Die letzte Zahl bezeichnet das Jahr des Druckes. Das Werk und seine Teile sind urheberrechtlich geschützt. Jede Nutzung in anderen als den gesetzlich zugelassenen Fällen bedarf der vorherigen schriftlichen Einwilligung des Verlags.

Ansprechpartnerin Redaktion: Sylvie Cloeren
Redaktion: Helga Kopp
Layoutkonzeption: Elmar Feuerbach
Gestaltung und Satz: Eva Mokhlis, Swabianmedia Stuttgart
Umschlaggestaltung: Elmar Feuerbach
Titelbild: laif (Romain Cintract/Hemis.fr), Köln
Druck und Bindung: Elanders GmbH, Waiblingen

Printed in Germany
ISBN 978-3-12-591426-1

Table des matières

Préface

Chères lectrices, chers lecteurs,

Le livre que vous avez en mains fait partie d'une collection qui va vous permettre de

- vous divertir grâce à la lecture d'une histoire policière. Laissez-vous prendre par le suspense et le récit !
- découvrir le petit morceau de France qu'est le Bassin d'Arcachon. Partez en voyage dans cette région dont certaines facettes sont peut-être encore inconnues ! Par contre, ne croyez pas tout ce qu'on vous dit ! Si les lieux de l'histoire sont tous bien réels, l'action, elle, est une pure fiction !
- perfectionner votre maîtrise du français tant à l'écrit (grâce à cette lecture) qu'à l'oral, à l'aide du livre audio gratuit que vous trouverez en ligne (voir page 1). Laissez-vous bercer par la musique des mots !

Comment vous divertir à la lecture d'un texte destiné à étudier le français langue étrangère ?
Chaque lecteur étant différent, nous ne sommes pas en mesure de vous donner la recette idéale pour entrer dans le récit. En revanche, nous pouvons vous donner quelques conseils qui devraient vous être d'une grande aide.

- N'ouvrez pas votre dictionnaire, surtout n'essayez pas de traduire chaque mot. Faites appel à vos connaissances de votre langue maternelle ou d'une autre langue.
- Essayez de comprendre de quoi il est question en vous aidant du contexte et de ce que vous avez compris dans les chapitres précédents. Vos connaissances de la langue française sont certainement suffisantes pour vous permettre de comprendre l'essentiel. Et puis, les mots posant réellement un problème sont annotés en bas de page.
- Essayez de visualiser ce que vous lisez. Un livre, ce n'est pas

une suite de mots imprimés. Entrez dans la lecture, le livre vous raconte un moment de la vie des personnages, dans un lieu bien particulier. Imaginez-vous ces personnages, représentez-vous leur façon d'être, le cadre dans lequel ils évoluent. En bref, faites preuve d'imagination ! Et si celle-ci venait à vous manquer, prenez quelques minutes pour regarder les photos du Bassin d'Arcachon. Elles vous aideront à ressentir l'atmosphère dans laquelle se déroule l'histoire.

Et puis, pourquoi des activités en fin de livre ?

- Les activités vont vous permettre de vérifier que vous avez bien compris l'histoire.
- Si vous le désirez, vous pouvez aller au-delà de l'exercice : Travaillez à plusieurs, essayez d'écrire une histoire du même genre, allez sur Internet et faites des recherches sur la région. Trouvez une autre fin à l'histoire.
- Finalement, si vous n'arrivez toujours pas à voir ces activités comme un jeu, dites-vous qu'elles vous aideront à analyser, interpréter ou commenter un texte.

Considérez votre livre comme un ami qui vous accompagne un petit moment et qui vous aide à développer votre esprit critique. Partez à sa découverte !

Et maintenant, assez parlé. Place à la lecture !

Le Bassin d'Arcachon : vue générale

1 La colère d'Alain

Une nuit de novembre, sur le Bassin d'Arcachon...

– *Bon, je crois que j'ai tout. Si ça marche, ils vont faire une drôle de tête, dans les jours qui viennent ! Mais c'est bien fait pour eux ! Ils*
5 *n'avaient qu'à pas m'embêter ! Ma vengeance sera terrible...*

Le lendemain matin...

– Comment ça elles sont malades, mes huîtres ?! Mais vous êtes fou ou quoi ?! La semaine dernière, tout allait bien, et là, vous me dites que je ne peux plus les vendre ?! Mais vous êtes fou ! Vous
10 voulez me tuer ou quoi ?!
– Mais monsieur Flaubert ! Calmez-vous ! Ce n'est tout de même pas de ma faute si...

3 **faire une drôle de tête** *fam* dumm aus der Wäsche schauen, sich wundern – 5 **embêter qn** jdn ärgern – 5 **une vengeance** Rache – 7 **une huître** Auster – 11 **se calmer** → calme – 11 **tout de même** doch, trotz alledem

– Pas de votre faute ?! Parce que c'est de la mienne, peut-être, si
   vous et vos collègues, vous ruinez les gens qui essaient de gagner
   leur vie ?!
– Monsieur Flaubert, je…
5 – Partez !! Tout de suite !!
Monsieur Bulot, un petit homme rond et sans aucun cheveu sur la
tête, ramasse ses affaires et s'en va, sans rien dire. Il a l'habitude.
Dans son travail d'expert envoyé par l'Institut de contrôle sanitaire,
c'est souvent comme ça. Alors monsieur Bulot est habitué à ce
10 genre de réaction.

Les bancs d'huîtres

Alain Flaubert est furieux et désespéré à la fois. Très en colère contre
lui-même, il sait qu'il a eu tort de s'énerver comme ça après M.
Bulot. Il va devoir s'excuser. Mais quand même, des huîtres malades !
En plein mois de novembre ! C'est une catastrophe ! S'il ne trouve
15 pas rapidement une solution, il ne pourra pas les vendre pour les
fêtes de fin d'année. Et c'est en décembre-janvier que les ostréi-

---

2 **ruiner qn** → ruine – 7 **avoir l'habitude** être habitué – 8 **un institut de contrôle sanitaire** *Prüfinstitut,
das z.B. Hygienebedingungen bei Lebensmitteln überwacht* – 11 **désespéré, e** *verzweifelt* – 16 **un ostréiculteur, une ostréicultrice** *Austernzüchter/in*

culteurs comme lui font de très bonnes affaires. Ne pas vendre d'huîtres à Noël, quelle perte ! Un trimestre au minimum !

Il essaie de se calmer en regardant le Bassin qui s'étend comme un grand lac paisible devant lui et qui brille dans la lumière du soleil
5   d'hiver.

Lanton : les cabanes à huîtres

Alain Flaubert a grandi ici, à Lanton, sur la côte atlantique, à une cinquantaine de kilomètres de Bordeaux. C'est un des jolis petits villages qui entourent le Bassin, très célèbre pour l'élevage des huîtres. Avec son petit port et ses cabanes à huîtres, c'est le paradis
10 pour un ostréiculteur comme monsieur Flaubert, qui, d'ailleurs, ne peut pas s'imaginer vivre autre part. Il a rencontré sa femme dans un village voisin, ils se sont mariés et ont baptisé leurs deux enfants dans la petite église de Lanton. Comme son père, son grand-père et son arrière-grand-père avant lui, la seule chose que ce grand
15 homme maigre et brun aime vraiment, c'est élever ses huîtres. Les

---

3 **s'étendre** sich erstrecken – 4 **paisible** calme, tranquille – 4 **briller** glänzen – 8 **un élevage** Zucht –
9 **une cabane** une petite maison, souvent en bois – 10 **d'ailleurs** übrigens – 12 **se marier** devenir mari
et femme – 12 **baptiser qn** jdn taufen – 14 **un arrière-grand-père** le père du grand-père – 15 **maigre** ≠
gros – 15 **brun, e** qui a des cheveux marron – 15 **élever** → élevage

10

mollusques sont sa seule passion, et sa femme lui dit souvent, en riant, qu'il préfère ses coquillages à ses enfants !

Mais là, Alain Flaubert ne comprend pas. On est en hiver. Et ses huîtres étaient parfaites, hier encore. Que s'est-il passé ?

5 Il regarde le Bassin une dernière fois et décide de faire quelque chose.

Il ne va pas abandonner comme ça. Il va se battre, trouver une solution, comme il l'a déjà fait si souvent.

Il ne peut pas savoir que, cette fois, l'ennemi n'est pas une simple

10 algue...

1 **un mollusque** Weichtier – 1 **une passion** qc qu'on aime beaucoup – 7 **abandonner** *ici :* arrêter de faire qc – 7 **se battre pour qc** um etw kämpfen – 9 **un ennemi** ≠ ami

Bordeaux : le Miroir d'eau

2 Un mal mystérieux

Comme souvent, monsieur Flaubert prend le train à Biganos, une autre ville du Bassin, pour aller à Bordeaux.

Quand il descend à la gare Saint-Jean, il monte tout de suite dans un
5 tram de la ligne C qui doit le conduire jusqu'au laboratoire de son
vieil ami, le professeur Henri Dupeigne. D'habitude, il adore prendre
le tram à Bordeaux. Surtout lorsqu'il passe à côté du Miroir d'eau,
au bord de la Garonne. Le Miroir, c'est une sorte de grande place
où se cachent plein de petites fontaines. L'été, les enfants (et même
10 leurs parents !) sautent à travers l'eau pour se rafraîchir. Et l'hiver,
l'eau des fontaines ressemble à une brume un peu inquiétante.

1 **un mal** *ici* : une maladie – 1 **mystérieux, -se** geheimnisvoll – 8 **la Garonne** Fluss in Bordeaux –
10 **sauter** springen – 10 **se rafraîchir** sich erfrischen – 11 **une brume** Nebel – 11 **inquiétant, e** qui fait
peur

Alain Flaubert adore cette partie de la ville, mais aujourd'hui, il ne regarde même pas dehors. Perdu dans ses pensées, il rate presque son arrêt. Heureusement, Quinconces est une grande station de tram, avec beaucoup de monde et de bruit. Alain Flaubert sort vite
5 du wagon.

Le laboratoire d'Henri Dupeigne est à deux pas du centre-ville. Alain Flaubert quitte les Quinconces, marche jusqu'à l'Allée de Tourny, fait quelques pas en direction de l'église Notre-Dame, puis tourne à gauche. « Laboratoire d'Analyses Dupeigne & Rogerait » est écrit
10 sur la façade. Vite, il monte les quatre étages du vieil immeuble sans appeler l'ascenseur. Il entre sans frapper, et va directement dans le bureau de son vieil ami.

– Et bien, Alain ! Qu'est-ce qu'il t'arrive ? Tu n'as pas envie de prendre l'apéro aujourd'hui ?

15 C'est vrai que, normalement, monsieur Flaubert téléphone à Dupeigne avant de venir, et les deux hommes se retrouvent dans un des bars un peu chics du quartier Saint-Pierre. Là où les Bordelais aiment déguster quelques huîtres en buvant un verre de Bordeaux blanc bien frais. Mais en voyant la tête de l'ostréiculteur, Henri
20 Dupeigne comprend que cette fois, il n'y aura pas d'apéro.
– Qu'est-ce qu'il se passe, Alain ? Tu as une tête... Ce sont les enfants ?
– Non, non, les enfants vont bien. Ce sont mes huîtres !
– Tes huîtres ? Qu'est-ce qu'elles ont, tes huîtres ? La semaine
25 dernière, quand je suis venu manger chez vous, elles étaient parfaites !
– Oui, mais ce matin, elles ont la dinophysis d'après le mec du service d'hygiène.
– La dinophysis ? Aïe...

---

4 **un bruit** Lärm – 10 **un immeuble** grande maison à plusieurs étages – 11 **un ascenseur** Fahrstuhl –
11 **frapper** *à la porte* (an die Tür) klopfen – 14 **un apéro** *abrév* apéritif ; une boisson qu'on prend avant
le repas – 17 **un/une Bordelais, e** qui vit à Bordeaux – 18 **déguster** boire ou manger avec plaisir
(genießen) – 27 **la dinophysis** Alge, die bei Austern Krankheiten auslösen kann

Comme tous les gens de la région, le scientifique sait exactement ce que cela veut dire. Une crise ou une bactérie, et c'est trois ans de travail pour rien. Les ostréiculteurs sont les agriculteurs de l'eau, ils vivent avec les lois de la nature. Et une mauvaise année peut
5   conduire des familles entières à la ruine. Henri Dupeigne demande tout de suite :
– Tu en as apporté ?
– Oui, bien sûr. Tiens.
Le professeur prend le sac où sont les mollusques.
10 – Qu'a dit exactement l'expert ? Il n'a pas pu te dire que c'était la dinophysis. Il faut plusieurs jours avant d'avoir les résultats des tests.
– En fait, il pense que c'est la dinophysis, mais il n'en est pas sûr. Par contre, avec les premiers tests, il a vu qu'il y avait un problème.
15 Un gros problème. Alors en attendant, je n'ai pas le droit de vendre ou de manger mes huîtres.
– Bon, allez viens. On va voir ça.

Ce n'est pas un test officiel, mais le laboratoire a tout le matériel pour examiner les huîtres. Et Henri Dupeigne a souvent aidé son
20 ami. Attendre les résultats des analyses peut être long et inquiétant. Même sans être officielles, les réponses de Dupeigne peuvent aider à prendre des décisions plus vite… et à ne pas s'en faire pour rien.

Pendant que son ami passe les huîtres au microscope, Alain Flaubert regarde la ville par la fenêtre. Dans la lumière grise, on peut voir
25 la place de la Comédie avec le Grand Théâtre et ses colonnes avec leurs muses et leurs déesses. Encore un peu plus loin, on reconnaît aussi la ligne droite de la rue Sainte-Catherine.

Soudain, un bruit de pas derrière lui le fait sursauter.

---

1 **un/une scientifique** Wissenschaftler/in – 3 **un agriculteur, une agricultrice** Landwirt/in – 4 **une loi** Gesetz – 19 **examiner qc** etw untersuchen – 22 **prendre une décision** eine Entscheidung treffen – 22 **s'en faire** sich Sorgen machen – 25 **une colonne** Säule – 26 **une déesse** Göttin – 28 **faire sursauter qn** jdn zusammenzucken lassen

Bordeaux : le Grand Théâtre

Le professeur Dupeigne tient une éprouvette dans une main, et une feuille de papier dans l'autre. Il a l'air sérieux. Le cœur d'Alain Flaubert se met à battre très fort.

   – Alors ? C'est bien la dinophysis ?
5 – Non. Non, pas du tout.
   – Ah bon ? Alors… C'est quoi ?

Le scientifique se gratte la tête, l'air inquiet :
   – Ce n'est pas la dinophysis. C'est un empoisonnement.

***

Un empoisonnement…
10 Dans le train qui le ramène chez lui, Alain Flaubert tourne et retourne ce mot dans sa tête. Un empoisonnement.

---

1 **une éprouvette** Reagenzglas – 7 **se gratter** sich kratzen – 8 **un empoisonnement** Vergiftung –
10 **ramener qn** reconduire qn

Dupeigne avait refait les tests encore deux fois, et il était sûr : quelqu'un avait versé un produit chimique dans l'eau pour que les mollusques l'avalent.

– Mais comment est-ce possible ? avait demandé l'ostréiculteur. Comment ? Nous sommes plus de 400 ostréiculteurs autour du Bassin ! Comment savoir si c'est vraiment un empoisonnement ? Et pas un accident ?

– Écoute, tout ce que je peux dire, c'est que ce genre de produit n'arrive pas par hasard dans la nature ! Et pour un accident, il y en a trop. Et en plus, qui se promène avec des substances comme celle-là, hein ? Non, je pense vraiment que quelqu'un a mis ce poison dans ton élevage.

– Mais alors, si c'est un empoisonnement, comment être sûr que mes huîtres vont être les seules concernées ? Pourquoi d'autres ostréiculteurs n'ont-ils pas eu de problèmes ?

– Mmm… Écoute, je n'en sais rien. Tout ce que je peux te dire, c'est que quelque chose empoisonne tes huîtres. Si j'étais toi, j'appellerais tout de suite cet inspecteur, comment il s'appelle déjà ? Bigorneau ?

– Non, Bulot. Monsieur Bulot.

– Et bien, tiens, prends ce téléphone et appelle-le. Il faut qu'il fasse des tests sur tout le Bassin pour voir si tes voisins ont été touchés, eux aussi. Ensuite, tu rentres chez toi. Demain, je viendrai avec mes affaires, et nous essaierons de comprendre ce qu'il se passe, d'accord ?

– Oui, d'accord.

Comprendre… Si seulement c'était possible, comprendre. Alain Flaubert n'est pas stupide. Il a bien vu, à cause de l'expression sur le visage de son ami, que ce n'est pas aussi simple. Normalement, une huître ne s'empoisonne pas aussi facilement que ça.

Alain Flaubert avait appelé monsieur Bulot, et aussi tous ses voisins ostréiculteurs, pour les prévenir qu'il y avait peut-être un problème.

2 **verser qc dans qc** etw in etw kippen/gießen – 2 **un produit chimique** Chemikalie – 3 **avaler qc** etw schlucken – 9 **par hasard** zufällig – 12 **un poison** → empoisonnement – 14 **concerner** betreffen – 22 **être touché** *ici* : être concerné – 29 **normalement** → normal – 32 **prévenir qn** jdn warnen

Bien sûr, cela allait faire peur à tout le monde autour du Bassin. Mais on ne pouvait pas prendre de risques. Pas maintenant.

Un empoisonnement... Alain Flaubert est-il la seule victime autour du Bassin ? Ça, il le saura bientôt. Mais qu'il y ait une ou plusieurs
5 victimes, les questions restent les mêmes :
Pourquoi ? Pourquoi faire une chose aussi horrible ? Et surtout qui ?

Qui ?

Ce soir-là, quelque part autour du Bassin d'Arcachon...

10 – *Ça y est ! La première étape est terminée. J'espère qu'ils savent, maintenant. J'espère qu'ils ont compris qu'ils ne peuvent plus continuer comme ça. Et bientôt, bientôt... L'étape suivante...*

---

2 **ne pas prendre de risques** kein Risiko eingehen – 3 **une victime** Opfer – 6 **horrible** terrible –
10 **terminer qc** finir qc

Gujan-Mestras, la « capitale de l'huître du Bassin d'Arcachon »

3 L'ennemi invisible

5

– Mesdames ! Messieurs ! Mes amis ! Écoutez-moi ! Écoutez-moi !

Dans la salle de la mairie de Gujan-Mestras, tout le monde parle en
5 même temps, et personne n'écoute le responsable de l'association.

C'est ici que l'association des ostréiculteurs tient toujours ses
réunions. D'habitude, les réunions concernent surtout les
campagnes de communication, ou les problèmes de pollution. Ou
alors on parle des nouvelles lois européennes. Mais ce soir, le sujet
10 est plus grave que tous ceux dont on a parlé depuis que l'association
existe.

---

1 **invisible** qu'on ne voit pas – 4 **une mairie** Rathaus – 5 **un/une responsable** *ici* : président – 7 **une
réunion** *ici* : Sitzung – 8 **une campagne de communication** Werbekampagne – 8 **la pollution** Umwelt-
verschmutzung

Cela fait maintenant une semaine que le professeur Dupeigne a compris le problème. Et le lendemain, lui et monsieur Bulot ont fait des tests chez tous les ostréiculteurs du Bassin. Chaque jour, des huîtres ont été examinées dans un port différent. Les
5 résultats ont été terribles : tous les élevages sont malades. Tous ont été empoisonnés par le même produit toxique. Marc Pouille, le président de l'association des ostréiculteurs, a tout de suite organisé une réunion d'urgence avec tous ceux qui travaillent autour du Bassin.

10 Dans un coin de la salle, assis en face de leurs parents, Émilie et Louis Flaubert écoutent les discussions avec attention.

Comme toujours quand elle est nerveuse, Émilie se ronge les ongles. Elle vient d'avoir 15 ans, mais avec ses cheveux courts et bouclés et ses grands yeux verts, elle paraît beaucoup plus jeune.
15 « Malheureusement », pense-t-elle à chaque fois qu'elle se regarde dans une glace. Plutôt petite, un peu ronde, c'est une fille joyeuse et bavarde, qui est presque toujours de bonne humeur... Sauf quand Greg, le meilleur ami de son frère, est à côté d'elle ! Là, Émilie Flaubert se transforme en une fille timide, qui devient toute rouge
20 dès que le garçon la regarde, et qui n'arrive plus à dire deux phrases sans mélanger les mots, les points et les virgules. Une catastrophe !

À côté d'elle, son frère se gratte la tête comme à chaque fois que quelque chose l'inquiète. Avec ses 17 ans, Louis est aussi grand que sa sœur est petite, aussi blond qu'elle est brune, et aussi énervant
25 qu'elle est patiente ! Comme son père, il adore les huîtres, alors, il a commencé à travailler avec lui l'été dernier. Son rêve est de continuer à élever des huîtres et à vivre dans cette région qu'il aime tant, comme son grand-père, son arrière-grand-père, et même son arrière-arrière-grand-père avant lui.

---

6 **toxique** giftig – 8 **une réunion d'urgence** Krisensitzung – 10 **un coin** Ecke – 12 **se ronger les ongles** Nägel kauen – 14 **bouclé, e** gelockt – 16 **une glace** Spiegel – 16 **rond, e** *ici* : un tout petit peu gros – 16 **joyeux, -se** gai, heureux – 17 **bavard, e** qui parle beaucoup – 17 **être de bonne humeur** être content et joyeux (gut gelaunt sein) – 19 **se transformer en qc** devenir qc – 21 **une virgule** Komma – 23 **inquiéter qn** jdn beunruhigen – 25 **patient, e** geduldig

En face de ses enfants, Claire Flaubert a le visage triste. À 39 ans, cette brune dynamique ressemble beaucoup à sa fille, mais a le tempérament impatient de son fils. D'habitude toujours joyeuse, ce soir, elle est désespérée. Comme tout le monde dans la salle.

Le port de Gujan-Mestras

5 Tous les gens qui sont là ce soir sont touchés par la découverte de l'empoisonnement des huîtres. La culture de l'huître est très importante ici, alors tout le monde se sent solidaire. En effet, si un élevage est touché, cela crée des problèmes d'argent pour toute une famille.

10 Au fond de la salle, une jolie femme d'une cinquantaine d'années se lève. C'est Leïla Biguet, la directrice de la Maison de l'huître. Femme de viticulteur, Leïla a fait beaucoup pour l'association. Pour elle, viticulteurs et ostréiculteurs font la même chose. Ils travaillent dur pour faire ces vins et ces huîtres qui ont rendu la région célèbre dans

---

3 **impatient, e** ≠ patient – 7 **solidaire** *ici :* qui partage le malheur avec les autres – 10 **d'une cinquan-taine d'années** um die fünfzig – 12 **un viticulteur, une viticultrice** Winzer/in – 14 **rendre qc célèbre** faire que qc devienne célèbre

le monde entier, et qui font sa richesse. Et les deux métiers peuvent devenir victimes de la pollution, de la concurrence d'autres pays, ou encore, de lois absurdes. Leïla Biguet pense que, pour réussir, viticulteurs et ostréiculteurs doivent se connaître et s'entraider. Et
5 d'ailleurs, dit-elle toujours avec un sourire, vins et coquillages se marient tellement bien qu'ils sont faits pour être ensemble.

Lorsqu'elle commence à parler, tout le monde se tait.
   – Mes chers amis, je sais à quel point tout le monde est désespéré, ce soir. Et je sais aussi que, à quelques semaines des fêtes de fin
10   d'année, la situation est dramatique pour vous. Aussi, je crois que la seule chose à faire, c'est d'appeler la police.
   – La police ?!
   – Oui. Après tout, il y a eu empoisonnement, donc crime. Et si la police s'en occupe, on pourra aussi demander de l'argent aux
15   assurances.
   – Les assurances ? Pffff, tu parles ! Tu sais ce qu'elles vont nous dire, les assurances ? Elles vont nous faire payer encore plus, mais jamais rien rembourser !
   – C'est bien vrai ça !
20   – En plus, on est même pas sûr que ce soit un crime ! C'est peut-être un accident !
   – Un accident ? Tu n'as pas entendu ce qu'a dit monsieur Bulot tout à l'heure ? Nos huîtres, c'est de la nicotine qu'elles ont avalée ! Comment veux-tu que ce soit un accident ?
25   – Je ne sais pas moi ! Mais c'est peut-être comme avec l'usine : on a eu des problèmes parce qu'elle versait de l'eau sale dans le Bassin !
   – Oh ! Marcel ! Arrête de dire des bêtises ! Là, on te parle d'empoisonnement volontaire ! C'est pas juste quelqu'un qui
30   a vidé son cendrier dans notre Bassin ! Là, c'est quelqu'un qui voulait faire des dégâts, c'est clair !
   – Mais pourquoi ? Pourquoi ?

---

1 **une richesse** → riche – 4 **s'entraider** s'aider les uns les autres – 5 **se marier** *ici* : aller bien ensemble –
13 **un crime** Straftat, Verbrechen – 15 **une assurance** Versicherung – 18 **rembourser** *ici* : donner de
l'argent – 25 **une usine** Fabrik – 29 **volontaire** *ici* : voulu – 29 **juste** *ici* : seulement – 30 **vider qc**
→ vide – 30 **un cendrier** Aschenbecher – 31 **un dégât** Schaden

Debout près de sa femme, Marcel Gignac a les larmes aux yeux. C'est un homme doux et gentil qui ne peut pas imaginer une chose aussi horrible.

– Merde, Jean-Luc ! On a déjà eu trop de problèmes ces dernières
5 années ! On est tout le temps inquiets avec nos huîtres ! La pollution, les touristes, la chaleur, les algues... Déjà que, chaque été, on se demande si on va encore avoir des problèmes ou pas, si on ne peut plus vendre en hiver parce que quelqu'un nous empoisonne...
10 Marcel a la voix qui tremble.
– Alors on n'a plus qu'à arrêter de travailler !
Un silence tragique accueille ces mots. Puis, la voix de Leïla Biguet se fait entendre.
– Alors ? Qui est pour la police ?
15 Tout le monde lève la main.

Les huîtres

1 **debout** stehend – 1 **avoir les larmes aux yeux** pleurer presque – 2 **doux, -ce** sanft – 10 **trembler** zittern – 12 **accueillir** empfangen

22

Un peu plus tard, dans la voiture, la famille Flaubert discute encore un peu de la soirée.

– La police, bof. Pas sûre que ça l'intéresse. Les policiers ont autre chose à faire ! Ils ne vont pas s'occuper de nos huîtres !
5 – Ne dis pas ça, Alain. Après tout, les policiers aussi savent à quel point la région dépend de l'ostréiculture !
– Mais ce n'est pas pour ça que... Hé ! Mais... ! C'est quoi ça ?!!!!!

Alain Flaubert freine brutalement. Sur la route, dans la lumière des phares, la famille voit une silhouette menaçante devant la voiture.
10 Les Flaubert reconnaissent Amédée Justinou, un vieil homme qui vit près de Biganos. Depuis que sa femme est morte, on dit qu'il est devenu fou. Et là, le voilà devant la voiture des Flaubert, qui lève son parapluie dans leur direction. Il crie, le visage plein de haine.
– Vous n'aurez pas mon terrain ! Je vous le dis ! Je préfèrerais être
15 mort ! Jamais un ostréiculteur ne vivra chez moi ! Allez au Diable ! Tous !

Alain Flaubert roule lentement en évitant le vieillard.
– Quel fou, ce mec ! J'aurais pu le tuer si j'avais roulé plus vite ! Et c'est quoi, cette histoire de terrain ?
20 – Je crois que les Pilanes ont voulu acheter un peu de son terrain pour construire une maison pour leur fils et sa femme. Tu sais bien que, depuis que sa femme est morte, il déteste les ostréiculteurs. On dit qu'il raconte partout qu'elle est morte à cause de nos huîtres !
25 – Quoi ? Je pensais que c'étaient des ragots tout ça ?!
– Non, on m'a dit qu'il continue de prétendre que ce sont nos huîtres qui ont tué sa pauvre femme. Mais oublie-le, ce n'est qu'un pauvre vieux. Dites les enfants, il n'est pas encore très tard. On pourrait manger le gâteau que j'ai fait pour votre père. Qu'en
30 pensez-vous ? C'est vrai, avec toutes ces histoires et la réunion

---

6 **dépendre de qc/qn** von etw/jdm abhängen – 8 **freiner** *ici* : arrêter la voiture – 8 **brutalement** *ici* : tout à coup – 9 **un phare** Scheinwerfer – 9 **une silhouette menaçante** drohende Gestalt – 13 **la haine** ≠ amour – 14 **un terrain** Grundstück – 15 **Allez au Diable!** Schert euch zum Teufel! – 17 **lentement** ≠ vite – 17 **un vieillard** un homme très vieux – 25 **un ragot** *fam* Geschwätz, Klatsch, Tratsch – 26 **prétendre** *ici* : raconter

de ce soir, on a complètement oublié de fêter ton anniversaire, Alain !

– Bof, moi, aujourd'hui, j'ai pas trop envie de faire la fête, tu sais.
– Je sais. Mais ça nous changera quand même les idées...

4 **changer les idées à qn** jdn auf andere Gedanken bringen

4 Une enquête parallèle

– Louis ! Louis ! Tu dors ?
– Grumpffff…
– Louis ! Louis ! Réveille-toi ! Il faut qu'on parle !
5 – Oh ! Émilie ! Merde, tu sais quelle…
– Chuuuuuuut ! Tais-toi ! Tu vas réveiller les parents !
– Mais qu'est-ce que tu veux ? Il est deux heures du matin !
– Je sais ! Mais il faut qu'on parle ! C'est super important ! Viens !
On va à la cave, comme ça, personne ne nous entendra !

10 Vaincu, Louis prend sa couette et suit sa sœur dans la cave, une
grande pièce où ils peuvent faire la fête, et jouer de la batterie et
de la guitare électrique avec les copains ! Bien au chaud dans sa
couette, encore à moitié endormi, Louis écoute une Émilie très
excitée.

---

1 **une enquête** Ermittlung – 10 **vaincu, e** qui a perdu – 10 **une couette** *ici :* Daunendecke – 11 **une
batterie** *ici :* Schlagzeug – 13 **endormi, e** → s'endormir – 14 **excité, e** aufgeregt

– Bon, écoute, on ne peut pas rester sans rien faire !
– Comment ça ?
– Tu as entendu les adultes pendant la réunion ? Tout ce qu'ils vont faire, c'est appeler la police !
5 – Et alors ! C'est la seule chose intelligente à faire, tu ne trouves pas ?
– Tu rigoles ? La police ! Tu crois vraiment que la police va pouvoir s'occuper de nous ? Ils ont déjà trop à faire ! En plus, avec toute la paperasse qu'il faut pour tout, ça va prendre des mois et des
10 mois ! Non, crois-moi : le crime est une affaire bien trop sérieuse pour qu'on la laisse à des adultes !
– Et qu'est-ce que tu proposes, Miss Marple ?
– Demain, c'est samedi. On n'a pas cours. Alors à la première heure, on va à Bordeaux avec Greg et Nanou, et on mène l'enquête tous
15 les quatre !
– Émilie...
– Quoi ?!
– Tu sais très bien que le week-end, Greg travaille à la Maison de l'huître et que...
20 – Non ! Pas demain ! J'ai demandé à Leïla ! Demain, il ne travaille pas ! Tu pourrais l'appeler, hein ? Dis, tu veux bien ?
– Et en plus, je crois que tu cherches seulement un prétexte pour voir Greg ! Mais je te l'ai déjà dit : il est beaucoup trop vieux pour toi !
25 – C'est faux ! Je veux dire, je ne cherche pas de prétexte ! Mais Greg étudie la chimie, et il travaille avec Leïla, alors je suis sûre qu'il pourra nous aider ! Oh s'il te plaît, Louis ! On peut au moins essayer ! On ne peut pas laisser nos parents tous seuls avec ce terrible empoisonnement ! On doit les aider !
30 – Mmmm, ouais, bon... Écoute, je ne crois pas que nous ferons mieux que la police, mais on peut toujours essayer. En plus, j'avais envie d'aller à Bordeaux de toute façon. Mais maintenant, au lit, jeune fille ! Sinon, on sera trop fatigués pour notre enquête ! Allez, bonne nuit, mademoiselle la détective !

***

3 **un/une adulte** ≠ enfant – 9 **la paperasse** *péj* Papierkram – 22 **un prétexte** → prétendre (Vorwand) – 27 **au moins** mindestens – 32 **de toute façon** sowieso

– Non ! Les filles, on a dit non ! On n'est pas venus pour ça !
– Oui mais maintenant qu'on est là ! Juste un petit tour ! Promis juré craché ! Greg ! Dis-lui, toi, qu'on fait juste un tour !
– Allez, viens Louis ! On va laisser les filles faire un tour, et nous, on
5 va prendre un café en les attendant !

Comme prévu, Émilie et Louis ont appelé Greg et Hélène Biguet, la fille de Leïla Biguet et la meilleure
10 amie d'Émilie. Puis, tous les quatre ont pris le train pour aller à Bordeaux.

Bordeaux : Le Marché des Capucins

Greg Serval est un beau garçon de 19 ans, brun,
15 grand, et musclé, avec des yeux « comme une mer sauvage », pense souvent Émilie. La mort de ses parents, il y a trois ans, l'a
20 rendu mélancolique, même s'il peut aussi rire comme un enfant. Surtout quand Émilie raconte ses idées bizarres, ou se dispute avec son frère. Greg et Louis sont amis depuis le collège,
25 et Émilie est amoureuse de Greg depuis qu'elle a fêté son dixième anniversaire. Même l'absence de Greg pendant deux ans – après la mort de ses parents, il était allé vivre chez sa tante à Paris – n'y a rien changé. Mais bien sûr, il ne s'en rend pas compte.

Hélène Biguet, « Nanou », est une jolie métisse dont les nattes
30 colorées sautillent à chaque pas. Pleine de tempérament, toujours

---

2 **promis juré craché !** Großes Ehrenwort! – 4 **faire un tour** se promener – 15 **musclé, e** muskulös – 17 **sauvage** wild – 26 **une absence** → absent – 28 **se rendre compte de qc** etw bemerken – 29 **un métis, une métisse** qn dont les parents n'ont pas la même couleur de peau – 29 **une natte** *ici* : Zopf – 30 **sautiller** hüpfen

de bonne humeur, elle est aussi très sûre d'elle et encourage Émilie à dire à Greg qu'elle est amoureuse de lui. « Qui ne tente rien n'a rien », telle est sa devise. Et même si elle ne réussit pas toujours tout, Nanou reste optimiste !

5 Dans le TER, Émilie a expliqué son plan aux autres. Tout d'abord, elle veut passer à la bibliothèque de Bordeaux et chercher dans les archives des journaux et après, dans un cybercafé pour voir s'il y a déjà eu des cas d'empoisonnement sur le Bassin.

    – Il faut qu'on sache s'il y a eu d'autres histoires comme ça avant !
10   Peut-être que ça nous donnera une piste !

Arrivées à Bordeaux, les filles ont décidé de d'abord faire un tour au Marché des Capucins ! Et les garçons ont fini par céder.

Bordeaux : Le Marché des Capucins

1 **encourager qn** donner courage à qn – 2 **Qui ne tente rien n'a rien !** Wer nicht wagt, der nicht gewinnt! – 5 **TER** *Transport express régional (Vorstadtzug)* – 10 **une piste** Spur – 12 **céder** nachgeben

Les quatre amis sont donc descendus à l'arrêt Sainte-Croix et ont commencé leur balade au Marché des Capucins. C'est un endroit plein de vie et de couleurs où on trouve fromages, olives, fruits et légumes, vins, viandes, poissons, mais aussi fleurs et produits du
5 monde entier ! C'est un endroit très joyeux d'habitude. Mais ce matin, on dirait que tous les marchands sont inquiets.

– C'est normal ! Regardez !

Sur les stands des ostréiculteurs, une affiche annonce : « Fermés pour cause d'empoisonnement de nos huîtres par un criminel. »

10 Comme les parents d'Émilie et de Louis sont ostréiculteurs et le père de Nanou viticulteur, ils connaissent tout le monde. Il ne leur faut pas longtemps pour avoir toutes les infos qu'on entend au marché. Malheureusement, ce n'est pas grand chose. Tout le monde sait qu'il y a eu un empoisonnement au Bassin d'Arcachon, et qu'on ne
15 peut pas manger d'huîtres en ce moment. Mais personne ne sait qui a pu faire ça, ni pourquoi. Par contre, tout le monde discute et veut trouver une explication.

– Et si c'était un fou ?

– Un fou ?

20 – Oui, un « serial killer », ou un truc comme ça !

– Arrête, Robert ! Tu regardes trop la télé !

– Ah ouais ? Et bien, vous ne direz peut-être plus ça quand ce malade aura empoisonné tout ce qui se mange et qui se boit, juste pour nous embêter, nous, les marchands !

25 – Mais qu'il est bête ! C'est n'importe quoi ça, Robert !

– Marie a raison ! C'est n'importe quoi ! Non, moi je dis que c'est le vieux Justinou ! Émilie, raconte aux autres ce qu'il s'est passé hier soir !

– Mais ce n'était rien, monsieur Capet ! C'est juste que ce pauvre
30 monsieur Justinou est un peu fou et que…

– Un peu fou ? Tu m'as raconté qu'il s'était jeté sous vos roues ! Tu me l'as dit tout à l'heure !

2 **une balade** → se balader – 2 **un endroit** un lieu – 4 **la viande** Fleisch – 4 **un produit** Produkt, Ware – 8 **un stand** Verkaufsstand – 25 **C'est n'importe quoi !** So ein Unsinn! – 31 **se jeter** sich werfen – 31 **une roue** Rad

- Écoutez, monsieur Justinou pense que ce sont des huîtres qui ont tué sa femme, alors il nous en veut. Mais de là à empoisonner tout le Bassin, quand même, c'est autre chose !
- C'est vrai ça, monsieur Capet. Regardez : les parents de Greg sont morts avec cette pauvre madame Justinou, et pourtant, il ne veut pas tuer tout le monde pour ça, hein Greg ?

2 **en vouloir à qn de qc** jdm wegen etw böse sein

Bordeaux : La Porte d'Aquitaine

5 Premiers soupçons

10

Assis dans un cybercafé, place Sainte-Victoire, les quatre amis boivent un chocolat chaud. Trop bête ! Ils n'ont rien trouvé dans les archives de la bibliothèque et leurs recherches sur Internet
5 n'ont rien donné non plus. Huîtres, empoisonnement, Bassin d'Arcachon... Ils ont essayé tous les mots-clés, mais rien. C'est la première fois qu'il y a un empoisonnement volontaire, dans toute l'histoire de l'élevage des huîtres à Arcachon ! Dehors, la petite pluie typiquement bordelaise tombe sur la Porte d'Aquitaine qu'on
10 aperçoit un peu plus loin. Comme tous les samedis, la place est noire de monde, et du haut de leur obélisque, les deux tortues peuvent voir des dizaines de parapluies qui se sont donné rendez-vous !

1 **un soupçon** Verdacht – 10 **apercevoir** *ici :* voir – 10 **c'est noir de monde** es wimmelt nur so von Menschen – 11 **une tortue** Schildkröte – 12 **une dizaine** etwa zehn

À table, les quatre sont silencieux. Ils sont déçus de ne pas avoir trouvé de piste, et en plus, tous ont en tête ce qu'a dit Émilie sur les parents de Greg. Greg remue son chocolat depuis dix bonnes
5 minutes en regardant sa tasse. Finalement, Louis se décide à parler.

– Bon, écoute Greg, si t'as pas envie de parler de tes parents, ça te regarde !
– Mais…
– Non Émilie, tais-toi ! Ou tu crois que c'est Greg qui a empoisonné
10 le Bassin ?
– Non, bien sûr que non ! Mais j'aimerais…
– Bon, et bien tout va bien ! Si Greg ne veut pas parler de ses parents, on respecte et on se tait ! Par contre, il faut qu'on discute de notre enquête.

15 – Alors, vous aussi, vous croyez que ça pourrait être un « serial killer » ?
– Bien sûr que non ! Ne sois pas bête, Nanou ! Un « serial killer » à Arcachon… Et pourquoi pas des vampires dans la Basilique Saint-Michel ?
20 – Mais tu as entendu les commerçants ? Ils pensent tous que c'est une vengeance personnelle. Sinon, comment expliquer ce poison à cet endroit précis ? La personne qui a fait ça savait exactement ce qu'elle devait faire !
– Alors, c'est peut-être vraiment Justinou.
25 – Ne dis pas n'importe quoi, Émilie ! C'est un vieillard un peu fou ! Comment veux-tu qu'il trouve une idée aussi… comment dire ? une idée presque scientifique !
– Il fait semblant d'être fou pour ne pas être soupçonné !
– Mmmm… Ouais… Bof…

30 Louis n'a pas l'air convaincu. Nanou demande :
– Au fait, est-ce que quelqu'un sait comment sa femme est

---

1 **silencieux, -se** → silence – 1 **déçu, e** enttäuscht – 3 **remuer** umrühren – 6 **ça te regarde** das ist deine Sache – 9 **Tais-toi !** Halt den Mund! – 22 **précis, e** genau – 28 **faire semblant** so tun als ob – 28 **soupçonner qc/qn** → soupçon – 30 **convaincu, e** überzeugt

morte ? Il dit que c'est à cause des huîtres, mais que s'est-il passé vraiment ?

– Aucune idée. J'étais trop petit à l'époque.

– Moi, aussi !

5 – Moi, je sais.

Toutes les têtes se tournent vers Greg.

– Je le sais parce qu'en fait, c'est arrivé en même temps qu'à mes parents.

Personne ne dit rien. Tous sentent qu'ils doivent laisser parler leur
10 ami sans l'interrompre. Se souvenir de la mort de ses parents n'est certainement pas facile, pour lui.

Greg soupire.

– En fait, c'était un accident stupide : mes parents rentraient du marché, ils ont rencontré madame Justinou, et tous les trois ont
15 bavardé un peu, comme ça, sur le trottoir. Et à ce moment-là, un camion qui venait de Paris les a renversés.

– Oh Greg ! Mais c'est terrible !

Bordeaux : La rue Sainte-Catherine

10 **interrompre qn/qc** jdn/etw unterbrechen – 11 **certainement** → certain (gewiss) – 12 **soupirer**
seufzen – 15 **bavarder** *fam* discuter – 16 **renverser qn/qc** jdn/etw umfahren

- Mais quel rapport avec les huîtres ?
- Et bien, le conducteur du camion venait de Paris chercher des huîtres. Il avait roulé une bonne partie de la nuit pour arriver tôt et repartir vite. Il s'est endormi au volant. L'accident n'a pas à voir
5 directement avec les huîtres, mais bon... Justinou était tellement désespéré, il n'a pas cherché d'autres explications.
- C'est vraiment idiot.

Émilie, Louis et Nanou réfléchissent un instant, puis Émilie dit :
- Bon, même si Justinou n'est pas très intelligent, et qu'on peut
10 difficilement croire que c'est lui le responsable, pour l'instant, c'est notre seul suspect ! Alors je propose qu'on surveille Justinou dans les jours qui viennent. Enfin, quand l'un de nous a le temps, bien sûr.

Bordeaux : La Basilique Saint-Michel

Louis regarde sa sœur, sceptique.
15 - Ça ne va pas être facile ! Entre le lycée pour vous, la fac de Greg, et moi, le boulot avec papa...

4 **un volant** Lenkrad – 10 **un/une responsable** Verantwortliche/r – 10 **pour l'instant** im Augenblick –
11 **un/une suspect, e** Verdächtige/r – 11 **surveiller qc/qn** etw/as, jdn beobachten, bewachen –
14 **sceptique** skeptisch – 16 **un boulot** *fam* un travail

- Et bien au moins, on essaiera de le surveiller le soir, et le week-end ! propose Nanou.
- Ce sera mieux que rien. Et en attendant, on pourra continuer à réfléchir et à enquêter. Mais pour aujourd'hui, je déclare la partie
5 travail terminée ! Nanou et moi devons absolument passer par Sainte-Catherine avant de prendre le train pour rentrer, il y a des soldes cette semaine !
- Encore du shopping ! Mince, Émilie ! Tu exagères !
- Ce n'est pas grave, Louis. Laisse-les faire. De toute façon, j'avais
10 envie de passer au magasin de CD. En plus, la pluie s'est arrêtée. Allez ! En route !

Ce soir-là, quelque part autour du Bassin d'Arcachon...

- *Bon, pour l'instant, mon plan marche ! J'espère que la prochaine étape sera aussi facile... Heureusement, personne ne se doute de*
15 *rien...*

---

4 **enquêter** → enquête – 7 **les soldes** *mpl* Schlussverkauf – 8 **Mince !** *fam* Verdammt! – 8 **exagérer** übertreiben – 11 **En route !** Auf geht's! – 14 **se douter de qc** etw ahnen

Le Cap-Ferret

6 Un deuxième crime

– Quoi ?!! Encore ?!! Mais… Ce n'est pas possible !!
Debout près du téléphone, Alain Flaubert est tout rouge.

– Mais comment… Pardon, je… Mon Dieu ! Mais c'est une
5   catastrophe ! Une catastrophe ! … Oui, bon, d'accord. Je l'appelle
tout de suite.

Il raccroche et regarde sa femme et ses enfants, encore installés à la
table du petit-déjeuner.

– Il faut que j'aille tout de suite au Cap-Ferret. Ce malade a encore
10   frappé.

– Où ça ?

– Chez Ginou, au Cap. Il a empoisonné les naissains !

– Attends ! On vient avec toi !

– Bon, alors dépêchez-vous, les enfants. Je pars dans cinq
15   minutes !

---

7 **raccrocher** auflegen – 10 **frapper** *ici* : zuschlagen – 12 **un naissain** Zuchtausternlarve – 14 **se dépêcher**
faire vite

Arrivés à Cap-Ferret, les Flaubert voient que presque tous les ostréiculteurs sont déjà là...

– Oh Louis ! Regarde ! Greg aussi est là ! C'est toi qui l'as appelé ?
– Non. Enfin, j'ai essayé, mais il n'a pas répondu. Et regarde !
5   Là-bas ! Le vieux Justinou ! Mais qu'est-ce qu'il fait là ? Il habite à 15 km d'ici, et il n'a plus de voiture !

Leur père les regarde, étonné.

– C'est jour de marché, vous l'avez oublié ? La moitié du Bassin d'Arcachon est ici le dimanche ! Bon, allez, on y va à cette réunion
10   de crise, ou vous préférez qu'on se retrouve au Café du Cap, tout à l'heure ?
– On vient avec toi !
– Non, moi je vais voir Greg et Nanou au café.
– Tiens, tiens !

15 Émilie va donc avec Nanou et Greg à la terrasse du café. Il fait très beau pour un mois de novembre. Le ciel est très bleu, et plus loin, on voit le Bassin, l'océan, et même la silhouette de la Dune du Pyla.

La Dune du Pyla

---

7 **étonné, e** erstaunt, überrascht – 9 **une réunion de crise** réunion d'urgence – 16 **le ciel** Himmel –
17 **Dune du Pyla** *größte Wanderdüne Europas*

– Tu ne vas pas à la réunion, Greg ?
– Non, je ne suis pas ostréiculteur. Ta mère me racontera tout plus tard, Nanou. Vous avez du nouveau, depuis hier ?

À part ce nouveau cas d'empoisonnement, rien de nouveau. Aucune
5 piste, aucun nouvel élément.
– Sauf que le vieux Justinou est ici ce matin. Mais d'après mon père, il vient tous les dimanches pour le marché. Je suppose qu'il prend le car, ou qu'il vient en voiture avec un de ses voisins. Mais pour l'instant, on ne sait rien de plus.

10 Résignés, les trois passent la matinée à regarder passer les gens, à discuter avec les commerçants, à regarder l'eau, et à s'ennuyer, un peu. Ce n'est que quand Louis les rejoint qu'ils peuvent enfin élaborer un vrai plan.

Le soir même, ils commencent la surveillance rapprochée d'Amédée
15 Justinou. Nom de code : « le tueur de perles ».

***

13 Vers six heures du matin, Louis retrouve Greg installé dans sa voiture. Il est devant la maison du vieux Justinou, mais bien caché par les arbres. C'est lui qui surveille le vieil homme depuis minuit. Avant, c'est Louis qui était responsable du « tueur de perles ».
20 Évidemment, les filles ont insisté pour rester avec lui. Mais à minuit, les trois sont rentrés chez eux, et Greg a continué seul.
– Si nos mères découvrent que nous sommes sortis de nos lits en pleine nuit, les filles et moi, elles vont nous tuer, c'est clair ! avait dit Louis.
25 En plus, aucun d'entre eux n'a de permis, et sur une mobylette, la nuit, en novembre, il fait froid. Très froid.

---

6 **d'après qn** laut, nach jdm – 7 **supposer** penser – 10 **résigné, e** qui a perdu courage – 11 **s'ennuyer** sich langweilen – 12 **rejoindre qn** *ici* : zu jdm zurückkehren – 13 **élaborer qc** etw ausarbeiten – 14 **une surveillance rapprochée** strikte Überwachung – 15 **nom de code** Deckname – 15 **un tueur** → tuer (Mörder) – 20 **insister pour faire qc** *ici* : wollen absolut faire qc – 22 **en pleine nuit** mitten in der Nacht – 25 **un permis** *ici* : Führerschein – 25 **une mobylette** Mofa

Ce matin aussi, il fait très froid. Alors Louis a eu la bonne idée de venir avec du café bien chaud et des croissants.

– Alors ? Des nouvelles ?

– Non. Il n'a pas bougé de la nuit. Euh… je crois.

5 – Comment ça, tu crois ?

– Euh… et bien…

Greg a l'air un peu gêné.

– En fait, je me suis un peu endormi cette nuit. Désolé.

– Aïe. Et… tu as dormi longtemps ?

10 – Je ne sais pas. Mon portable s'est déchargé. Mais je pense que j'ai dû dormir une heure ou deux. Pas plus.

– Bon. Il faut juste espérer qu'il ne s'est rien passé cette nuit. Parce que si l'empoisonneur a encore frappé, on ne pourra pas prouver que c'était le vieux.

15 – Je sais, c'est bête.

– Dis-moi, tu ne penses pas qu'on devrait en parler à quelqu'un ? Mon père ? Ou un autre ostréiculteur ? Si nous sommes plusieurs, ce sera plus facile de surveiller Justinou.

– Tu as entendu ce qu'ont dit les adultes : c'est à la police de
20 s'occuper de ça. Si on leur dit qu'on surveille le vieux, ils vont nous interdire de nous mêler de tout ça. Surtout à toi et aux filles, moi, je suis majeur. Mais si quelqu'un apprend ce qu'on fait, tu peux être sûr que, en quelques jours, même Amédée Justinou sera au courant ! Et là, on ne pourra rien faire ! Alors non, surtout,
25 on ne dit rien à personne !

Louis est un peu étonné. Greg a parlé très vite. On dirait qu'il est très excité. C'est bizarre. D'habitude, son ami est super raisonnable. Et lui aussi voulait d'abord laisser faire la police. Est-ce que finalement, jouer au détective l'amuse, malgré ses 19 ans ? En tout cas, Louis
30 décide d'attendre et de voir s'ils arrivent à surveiller le vieux sans dormir !

---

7 **gêné, e** verlegen – 10 **se décharger** sich entladen – 13 **un empoisonneur** → empoisonnement –
13 **prouver** beweisen – 21 **se mêler de qc** sich in etw einmischen – 22 **majeur** qui a plus de 18 ans –
24 **être au courant de qc** savoir qc – 27 **raisonnable** vernünftig – 30 **décider de faire qc** beschließen,
etw zu tun

Puisqu'il commence à faire jour, les deux garçons décident d'aller prendre un café au village. Puis, vers 7 heures, Louis doit rejoindre son père. Greg a l'air un peu inquiet.

– Écoute, ne dis pas aux filles que je me suis endormi, d'accord ?
5   Sinon, elles vont insister pour rester toute la nuit la prochaine fois. Elles sont trop jeunes pour ça, et en plus, elles ont cours toute la semaine !

1 **faire jour** hell werden – 3 **avoir l'air** aussehen

– Mmm... Tu as raison. Mais il faut quand même qu'on trouve une solution pour ne pas s'endormir.
– Je vais augmenter ma dose de café demain soir ! Et... tiens, qu'est-ce qu'il fait là celui-là ?

5 – Qui ça ?
– Là ! Regarde ! L'expert ! Dis-donc ! Il a l'air bien pressé !
– C'est vrai. Il court presque. Bonjour, monsieur Bulot !
Quand l'expert entend son nom, il sursaute et se retourne.
– Hein ? Quoi ? Je... Ah ! Bonjour, les garçons ! Et bien, quelle
10 surprise de vous voir ici ! Vous avez fait la fête toute la nuit j'imagine ! Ah là là ! Les jeunes !
– La fête ? On est lundi, monsieur Bulot ! On prend juste un café, puis je pars au boulot, et Greg va à la fac. Mais vous, vous êtes bien matinal ! Vous habitez par ici ? Je croyais que...
15 À cet instant, le téléphone de l'expert sonne. Les garçons n'entendent pas ce que dit la personne qui l'appelle. Mais Bulot répond, l'air surpris :
– Ne bougez pas ! J'arrive !
Puis il raccroche et dit aux amis :
20 – Je dois y aller. Il y a eu une nouvelle attaque !

Ce soir-là, quelque part autour du Bassin d'Arcachon...

– *Ouf ! J'ai cru qu'ils m'avaient démasqué ! C'était à deux doigts, tout de même ! La prochaine fois, je devrais faire encore plus attention ! Ce serait trop bête d'être pris maintenant. J'en ai presque fini avec*
25 *ma vengeance...*

---

3 **augmenter qc** *ici :* prendre une *dose* (Dosis) plus grande – 6 **être pressé, e** ne pas avoir le temps (es eilig haben) – 8 **se retourner** sich umdrehen – 14 **matinal, e** qui se lève tôt le matin – 17 **surpris, e** → surprise – 20 **une attaque** → attaquer (Anschlag) – 22 **démasquer** entarven – 22 **c'était à deux doigts** das war knapp

Promenade du bord de mer à Arcachon

{"image_type":"icon","content":"14"}

7 Panique à Arcachon

« Qui en veut aux ostréiculteurs ? Voici la question que
tout le monde se pose, à Arcachon. Car depuis quelques jours,
quelqu'un empoisonne les parcs ostréicoles, causant ainsi des
5   dommages de plusieurs milliers d'euros. En direct d'Arcachon,
notre correspondante, Morgane Giclé. »
Dans ce bar du bord de mer, à Arcachon, tout le monde retient son
souffle. Tous les ostréiculteurs du Bassin sont ici, dans cet endroit
qui d'habitude, l'hiver, est presque désert. Mais aujourd'hui, les
10 voitures et les cars des stations de radio et de télévision de toute
la France sont là, sous le ciel gris. Et à l'intérieur de la grande salle
du bar, tous les yeux regardent Morgane Giclé, la journaliste star
de France 2, la chaîne nationale. Bien droite devant le cameraman,
l'air sérieux et compétent, la jeune femme résume la situation
15 en quelques mots, avant d'annoncer un reportage qu'elle et son

---

5 **un dommage** Schaden – 5 **un millier** → mille – 7 **retenir son souffle** den Atem anhalten – 9 **désert, e**
vide – 13 **droit, e** *ici* : aufrecht, gerade

équipe ont tourné le matin même, quand ils ont appris ce qu'il s'était passé.

« C'est une situation dramatique à laquelle doivent faire face les ostréiculteurs du Bassin d'Arcachon. Car ce matin, le président
5 de leur association, Marc Pouille, a découvert que quelqu'un avait mis le feu à la Maison de l'huître. Simple acte de vandalisme, direz-vous ? Oui mais voilà : ceci est déjà le troisième attentat contre le monde ostréicole du Bassin d'Arcachon. Petit rappel des faits. »

10 Sur l'écran du bar, tout le monde peut suivre le reportage. Tout y est : le premier empoisonnement, les naissains, un rappel d'autres problèmes, le drame économique, tout. Dans le bar, personne ne parle, certains ont même les larmes aux yeux. Leïla Biguet, elle, pleure vraiment. La directrice de la Maison de l'huître est dévastée.
15 Ce musée, c'était son projet, c'est elle qui a tout fait pour que les communes du Bassin acceptent de le construire, et là, il n'y a plus rien. Rien que des fondations qui fument encore, comme on peut le voir à la télé en ce moment.

La statue de la queue de baleine

1 **tourner** *un film* (einen Film) drehen – 1 **apprendre** *ici :* erfahren – 3 **faire face à qc** mit etw fertig werden – 6 **mettre le feu** Feuer legen – 6 **un acte de vandalisme** Akt blinder Zerstörungswut – 8 **petit rappel des faits** *ici :* résumé de ce qui s'est passé – 14 **dévaster** ruiner, détruire – 16 **une commune** Gemeinde – 17 **les fondations** *fpl* Grundmauern, Fundament

Au loin, on dirait que la statue de la queue de baleine danse dans un léger brouillard. D'habitude, la vue de cette œuvre d'art amuse les habitants d'Arcachon. Mais aujourd'hui, personne n'a envie de sourire.

5 Émilie, Nanou, Greg et Louis regardent la journaliste interviewer Marc Pouille, puis la mère de Nanou, et enfin monsieur Bulot, l'expert sanitaire. À cause de ce nouveau drame, aucun des enfants d'ostréiculteur n'est allé à l'école, aujourd'hui. Tous sont beaucoup trop bouleversés.

– La seule bonne nouvelle, dit Émilie après deux heures de télé et d'interviews, la seule bonne nouvelle, c'est que maintenant, nous savons que ce n'est pas Justinou qui a fait ça puisque nous l'avons surveillé jusqu'à six heures et que le feu a commencé à trois
15 heures du matin. Par contre, je n'ai aucune idée de qui a... Quoi ? Pourquoi vous faites cette tête-là, les garçons ? Qu'est-ce qu'il se... Greg ! Tu as bien surveillé le vieux, non ?
– Euh... Si, mais en fait... Bon, Émilie, Nanou, je suis désolé, mais je me suis un peu endormi, à un moment, et...
– Quoi ?!
20 – Je sais, je sais. Je suis trop nul.
– Mais tu as dormi de quelle heure à quelle heure, Greg ?!
– Ben, je ne sais pas exactement, mais c'est à peu près à l'heure à laquelle le feu a commencé.
– Oh !

25 Perplexes, les filles se taisent un moment, puis :
– Bon, en même temps, ça veut dire que le vieux Justinou est toujours notre suspect numéro un. On va dire que c'est un point positif. Alors, qu'est-ce qu'on fait maintenant ?
– Je ne sais pas, Émilie, mais peut-être qu'il faut laisser la police
30 faire son travail. Maintenant que...
– Mais Greg ! On avait dit que...

---

1 **une queue de baleine** Walfischschwanz – 2 **un brouillard** Nebel – 2 **une vue** → voir (Anblick) – 2 **une œuvre d'art** Kunstwerk – 3 **un/une habitant, e** → habiter – 9 **bouleversé, e** erschüttert

- Écoute-le, frangine. Laisse-le finir sa phrase, au moins !
- Je voulais dire : maintenant que notre histoire passe à la télé, j'imagine que la police va enquêter encore plus sérieusement.
- Mmmm… Mais c'est tout de même bête ! Pour une fois qu'on a
5 une vraie affaire criminelle, ici ! Nanou, tu en penses quoi, toi ?
- Moi, je pense que nous devons continuer notre enquête ! Et surveiller encore un peu le vieux ! Si la police découvre le coupable avant nous, tant pis ! Mais au moins, on aura essayé !
- Je suis d'accord ! Et vous ? Louis ?
10 - Moi, je suis d'accord avec vous, les filles ! On ne peut pas rester sans rien faire ! Greg ? Tu dis quoi ?
- Moi ? Bof… Si vous continuez, je veux bien vous aider, mais franchement, je ne crois pas que nous pouvons être meilleurs que la police.
15 - Bon, trois voix pour, une bof. Ça veut dire qu'on continue, les filles ! Qui veut un jus de fruit pour fêter ça ? C'est moi qui invite ! Greg, tu veux boire quelque chose ?
- Non, merci, c'est sympa, mais je dois y aller. J'ai un cours super important à la fac cet après-midi, et je dois aller à la bibliothèque
20 avant. Il faut que j'y aille. On se voit ce soir au foot ?
- Ça marche !

Greg embrasse les filles, serre la main de son copain, puis quitte le bar en marchant trop rapidement pour voir que quelque chose tombe de sa poche d'anorak. Émilie se précipite, ramasse la chose
25 et court derrière le garçon pour la lui rendre, mais… Trop tard ! Greg a déjà disparu. Émilie le cherche encore un peu… Bizarre… Peut-être qu'il a couru à cause de la pluie qui s'est remise à tomber.

En retournant vers la table où sont assis Nanou et Louis, Émilie jette un œil à l'objet que Greg a perdu, et qu'elle a ramassé. Un briquet !

30 Émilie ne comprend pas.
Un briquet ? Mais Greg a arrêté de fumer il y a deux mois ! Elle le

---

1 **un/une frangin, e** *fam* Bruder, Schwester – 3 **sérieusement** → sérieux – 7 **un coupable** *ici* : Täter –
8 **Tant pis !** Macht nichts! – 13 **franchement** ehrlich gesagt – 21 **Ça marche !** *fam* O.k.!, Gebongt! –
22 **serrer la main de qn** jdm die Hand schütteln – 24 **se précipiter** courir, faire vite – 27 **se remettre à
faire qc** commencer à nouveau à faire qc – 28 **jeter un œil à qn/qc** *ici* : regarder qn/qc en vitesse –
29 **un briquet** Feuerzeug

sait : lui et Louis avaient parié ! Mais s'il ne fume plus, pourquoi a-t-il un briquet dans sa poche ?

Greg a un briquet... Et Greg dit qu'il dormait au moment où l'incendie a commencé ! Et ses parents qui... Oh mon Dieu ! Ce
5 n'est pas possible !

Pas Greg ! Pas Greg !

Ce soir-là, quelque part autour du Bassin d'Arcachon...

   – *Quel beau feu ! Quel magnifique incendie ! Ah ! Quelle vengeance ! Allez ! Plus qu'une étape, et enfin, j'aurais accompli mon destin ! Et*
10   *tous, tous auront payé pour leurs fautes !*

---

1 **parier** wetten – 4 **un incendie** un feu – 9 **accomplir son destin** seine Mission erfüllen

![Bordeaux : Le Quai des Chartrons]

Bordeaux : Le Quai des Chartrons

8 Surprise aux Chartrons

– Ça va Émilie ?
– Mmm. Pourquoi ?
– Je ne sais pas. Tu as l'air bizarre, depuis quelques jours.
5 – Non, non, tout va bien. Tout va bien.
Mais en disant cela, Émilie ne regarde pas Greg dans les yeux.

Il y a maintenant presque une semaine que la Maison de l'huître a brûlé. Une semaine qu'Arcachon a été envahie par la télé. Une semaine que la police cherche des indices, collecte des preuves, et
10 interroge tous les ostréiculteurs, leurs familles, leurs amis... Sans résultat. On ne sait toujours pas qui est le responsable des crimes, le « tueur de perles ».

---

1 **Les Chartrons** un quartier de Bordeaux – 8 **envahir qc** etw bevölkern, heimsuchen – 9 **un indice** Indiz, Spur – 9 **collecter des preuves** Beweise sammeln – 10 **interroger** poser des questions

Une semaine aussi que les quatre amis font tout pour surveiller le vieil Amédée Justinou. Comme les bancs d'huîtres des Flaubert ont été détruits, Louis a eu le temps de surveiller leur suspect, pendant la journée, et aussi le soir jusqu'à minuit, parfois aidé par sa sœur et
5   Nanou. Greg, lui, a réussi à ne pas dormir, chaque nuit, de minuit à six heures du matin. Mais là non plus, pas de résultat. Le seul truc pas génial, c'est que le vieillard a vu Louis et sa mobylette, un soir, et qu'il l'a poursuivi avec sa carabine. Heureusement, il n'y avait pas de balles.

10 Aujourd'hui, pour se changer les idées, les jeunes détectives ont décidé de passer la journée à Bordeaux. Comme tous les samedis, il y a beaucoup de monde en ville. Partout, de la place de la Victoire à celle de Gambetta, et jusqu'à l'Hôtel de région, les commerçants et la municipalité ont commencé à installer les décorations de
15 Noël. Dans cinq jours, ce sera le 1ᵉʳ décembre, et le grand marché de l'Avent sera prêt pour accueillir les visiteurs. Mais les jeunes ne pensent pas aux fêtes de fin d'année. Ils sont trop inquiets.

---

3 **détruire** zerstören – 4 **parfois** de temps en temps – 6 **un truc** *fam* une chose – 8 **poursuivre** *ici :* suivre – 8 **une carabine** Gewehr – 9 **une balle** Kugel – 10 **se changer les idées** auf andere Gedanken kommen – 14 **la municipalité** Stadtverwaltung – 15 **le marché de l'Avent** marché de Noël

Comme les filles ont un exposé à préparer (« Les marchands en Aquitaine, depuis l'Antiquité jusqu'à nos jours »), elles ont décidé d'aller faire un tour au Musée du vin et du négoce dans le quartier des Chartrons. Les garçons préfèrent flâner le long du quai.

5 Les amis se retrouvent pour acheter des cannelés dans une boulangerie traditionelle. Il fait froid, mais sec. Le vent souffle fort, et normalement, Émilie rêverait de profiter de Greg pour se réchauffer. Mais depuis une semaine, elle n'arrive pas à chasser cette image terrible de sa tête. L'image de Greg qui met le feu à la Maison
10 de l'huître, pour venger la mort de ses parents. Et aussi, l'image de Greg qui vole des produits toxiques à la fac, puis empoisonne les élevages d'huîtres du Bassin d'Arcachon. Et Greg qui détruit les naissains, Greg qui fait semblant d'être gentil, Greg qui veut que tous les ostréiculteurs soient ruinés, Greg qui la déteste, elle,
15 Émilie… Depuis qu'elle a trouvé le briquet du jeune homme, ces idées affreuses lui traversent la tête et l'empêchent de dormir. C'est horrible de suspecter un ami. Et Émilie n'ose pas en parler, ni à son frère, ni à sa meilleure amie. Si elle a tort, tout le monde se moquera d'elle, et Greg ne lui pardonnera jamais. Et si elle a raison…

20 Comme il fait plutôt beau pour une fin novembre, les jeunes décident de passer par le parc. Puis, ils veulent longer le cours de Verdun et retourner aux Quinconces, où ils prendront le tram. Aucun d'entre eux n'a très envie de parler des crimes du « tueur de perles ». Leur enquête piétine, et même s'ils n'osent pas le dire, ils
25 ne savent plus que faire.

---

2 **Aquitaine** nom de la région autour de Bordeaux – 2 **l'Antiquité** f Altertum – 3 **le négoce** Handel –
4 **flâner** se promener – 4 **le long de qc** an etw entlang – 5 **un cannelé** un gâteau typique *(voir la recette à la fin de l'histoire)* – 6 **souffler** blasen – 7 **profiter de qn/qc** Nutzen aus jdm/etw ziehen –
7 **se réchauffer** → chaud (sich aufwärmen) – 8 **chasser de sa tête** *ici :* loswerden – 10 **venger qc**
→ une vengeance – 16 **affreux, -se** furchtbar – 16 **empêcher qn de faire qc** jdn daran hindern, etw zu tun – 17 **suspecter qn** → suspect (jdn verdächtigen) – 17 **oser faire qc** sich trauen, etw zu tun – 18 **avoir tort** Unrecht haben – 18 **se moquer de qn/qc** sich über jdn/etw lustig machen – 19 **pardonner qc à qn** jdm etw verzeihen – 19 **avoir raison** ≠ avoir tort – 21 **longer qc** an etwas entlanggehen – 22 **retourner** *ici :* zurückgehen – 24 **piétiner** ne pas avancer (keine Fortschritte machen)

C'est alors que :
- Oh ! Regardez ! Amédée Justinou ! Là ! De l'autre côté du lac !
- Mais qu'est-ce qu'il... Oh ! Et là ! Juste devant lui ! Ce n'est pas...
- Si, c'est lui. Mais qu'est-ce qu'ils...

2 **un lac** See

9 L'incroyable poursuite

Vite, les quatre détectives amateurs commencent la poursuite de Justinou qui suit lui-même une silhouette bien connue. La scène est bizarre : quatre jeunes gens qui suivent un vieux monsieur, qui
5 lui-même court presque derrière quelqu'un, quelqu'un qui marche vite, sans regarder en arrière.

Le groupe bizarre passe devant presque tous les lieux célèbres de la ville, mais sans les regarder. À un moment, leur cible s'arrête et regarde sa montre. Justinou,
10 aussi vite que ses vieilles jambes le lui permettent, se jette dans une entrée d'immeuble, tandis que les amis se cachent derrière une voiture.

15 – Qu'est-ce qu'ils font ? Tu les
    vois, Émilie ?
   – Non, je ne... Ah si ! Ça y est !
    Il repart !
   – Qui ça ?
20 – Justinou ! Et l'autre est... Ouh
    là là ! Il est déjà loin devant !
    Vite ! Venez !
Et la poursuite recommence.

   – À un moment, il va bien être
25   obligé de prendre le tram !
    grogne Louis qui en a marre
    de courir comme ça.
   – Oui, mais pour aller où ?
    demande Nanou.

Bordeaux : La Grosse cloche

30 – Je ne sais pas, mais... Zut !

---

1 **incroyable** → croire (unglaublich) – 1 **une poursuite** → poursuivre (Verfolgung) – 6 **en arrière** *ici :* derrière soi – 8 **une cible** *ici :* Zielperson – 11 **permettre qc à qn** jdm etw erlauben – 11 **se jeter dans qc** *ici :* sich in etw hineinwerfen – 25 **être obligé, e de faire qc** gezwungen sein, etw zu tun – 26 **grogner** murren

– Quoi ? Oh ! Un taxi ! Mais…

– Venez ! Dépêchez-vous !

Greg a déjà fait signe à un taxi qui arrive. Devant eux, le vieux Justinou a lui aussi réussi à en prendre un et maintenant, deux taxis
5 suivent un autre taxi ! Le chauffeur des amis est très content !

– Ça fait vingt ans que je conduis un taxi, mais c'est la première fois qu'on me demande de suivre un collègue ! C'est super !

Il accélère un peu.

– Quand je vais raconter ça à ma femme ! Au fait, on peut savoir
10 pourquoi vous le suivez, ce vieux ?

– Parce qu'on pense qu'il a empoisonné les huîtres !

– Hein ! Ce serait donc lui dont on a parlé à la télé, la semaine dernière ?

– Oui, on pense que c'est lui !
15 – Un vieux monsieur comme ça ? Vous êtes sûrs ?

Pas le temps de discuter. Le premier taxi vient de s'arrêter devant la gare Saint-Jean. Le deuxième s'arrête plusieurs mètres derrière, Amédée Justinou en sort et reprend sa poursuite… bientôt à son tour suivi par les jeunes qui ont laissé leur chauffeur déçu de ne pas
20 en avoir appris plus.

– Non, non, ne me payez pas, je me suis bien amusé ! Par contre, j'aurais préféré continuer ! Comme à la télé ! Bon, bonne chance, les jeunes ! Je regarderai les infos ce soir pour voir si…

Ils n'entendent pas la fin de sa phrase.

25 Dans la gare, ils ont un moment de panique.

– Mince ! Où est Justinou ?

C'est que Saint-Jean est une grande gare, sur deux étages, et qu'il est facile de s'y perdre ! Vite, ils se séparent en deux groupes, un cherche en haut, l'autre en bas. Après dix minutes, Greg et Émilie
30 veulent abandonner, en haut, quand :

– On les a !

Nanou les appelle sur le portable de sa copine.

---

8 **accélérer** aller plus vite – 23 **les infos** *fpl ici :* Nachrichten – 28 **se séparer** *ici :* sich aufteilen

– Dépéchez-vous ! Ils sont sur le quai numéro trois ! Ils vont prendre un train !

Greg et Émilie se mettent à courir, Émilie avec le portable collé à l'oreille.

5 – Vous êtes où ? lui crie Nanou dans les oreilles. Ils vont partir ! Faites vite !

Ils arrivent sur le quai juste au moment où un train part. Vite, ils sautent dans le dernier wagon, et entendent encore un contrôleur crier :

10 – Vous êtes fous ou quoi ? Vous auriez pu…

Pas de chance, ils sont dans le dernier wagon, mais Louis et Nanou sont dans le premier, et Justinou et sa cible… dans les wagons du milieu ! Sans savoir où ils vont, les quatre passent le trajet à surveiller les sorties, en s'envoyant des SMS.

15 C'est Émilie qui voit la silhouette connue sortir du train, puis Justinou. Le train est en gare La Teste de Buch. Là, la cible de Justinou prend un car tandis que le vieil homme appelle un taxi. Les jeunes veulent faire pareil, mais pas de chance : c'est une petite gare et il n'y a qu'un seul véhicule dans lequel Justinou vient de monter.

20 Que faire ?

La gare de La Teste de Buch

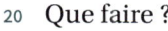

1 **un quai** *ici* : Gleis – 3 **se mettre à faire qc** commencer à faire qc – 13 **le milieu** Mitte – 13 **un trajet** Strecke – 18 **faire pareil** faire comme les autres – 19 **un véhicule** Fahrzeug

– Quelle poisse ! s'exclame Nanou. On ne va quand même pas s'arrêter là ! Il faut qu'on trouve quelque chose ! Vite !

À cet instant, le taxi de Justinou fait marche arrière... et vient se garer directement devant les quatre amis !

5 – Montez ! Vite !

Sans réfléchir, ils montent dans le véhicule.
– Suivez le bus ! Vite ! Il ne faut pas le perdre !

Dans le taxi, les questions arrivent de tous les côtés !
Qui ? Quoi ? Comment ? Pourquoi ? Les amis veulent absolument
10 comprendre pourquoi Justinou s'est transformé en détective ! Mais le vieil homme ne veut pas répondre. Il préfère rigoler, et se moquer des jeunes.
– Ha ! Vous parlez d'une bande d'amateurs ! Je vous ai vus dès Bordeaux ! Vous étiez aussi discrets que la Grosse cloche ! Vous
15 avez de la chance, j'ai besoin de vous pour courir dès que le criminel sortira du bus ! Je serai la tête, et vous, les jambes ! Mais d'abord, je peux savoir pourquoi vous m'avez suivi ? Ne me dites pas que nous avons le même suspect pour cette affaire d'empoisonnement !
20 – Euh, en fait, nous pensions que... enfin vous étiez notre... notre suspect !

Justinou n'en revient pas :
– Moi votre suspect ?! Mais pourquoi moi ?
Le vieux regarde les amis. Il est tellement surpris qu'il en oublie
25 d'être furieux, ou de se moquer d'eux !
Les quatre regardent leurs pieds, gênés. Puis, Louis explique :
– C'est à cause de votre femme, monsieur Justinou !
– Ma femme ? Mais que vient faire ma femme dans cette histoire ? Elle est morte il y a trois ans, la pauvre !

---

1 **Quelle poisse !** So ein Pech! – 1 **s'exclamer** ausrufen – 3 **faire marche arrière** rückwärtsfahren – 4 **se garer** parken – 22 **n'en pas revenir de qc** etw nicht fassen können – 28 **venir faire dans qc** *ici :* mit etw zu tun haben

–   On le sait ! Mais, mais comme vous dites toujours qu'elle est morte à cause des huîtres...

–   Hein ? Mais j'ai dit ça quand, moi ?

–   Ben, euh... Mon père dit que...

5   –   Ton père, qu'est-ce qu'il raconte ton père ? Qu'est-ce que c'est que ces ragots encore ?

–   Je ne sais pas. Mais tout le monde raconte que vous détestez les ostréiculteurs !

–   C'est vrai ! Mais pas à cause de ma femme ! Elle est morte parce

10   que le chauffeur du camion s'est endormi au volant. C'est pareil pour tes parents, Greg ! Rien à voir avec les huîtres ! C'est vraiment n'importe quoi, votre histoire !

–   Mais les ostréiculteurs ?

–   Oh ! Eux ! L'un d'entre eux m'a joué un sale tour, il y a vingt ans,

15   et je me suis promis de tous les embêter ! Surtout l'autre idiot là, qui voulait m'acheter mon terrain pour son fils ! D'ailleurs, tout le monde veut m'envoyer à la maison de retraite pour prendre mon terrain, je le sais bien ! Mais je ne suis pas fou ! Ni trop vieux pour les embêter ! Mais quand même : Empoisonner des huîtres !

20   Quand même ! C'est un crime ! Vous êtes fous de me suspecter !

Les amis ont un peu honte. En fait, ils ont suspecté Justinou
seulement à cause de rumeurs et de ragots, sans connaître toute la vérité. Mais ils n'ont pas le temps d'expliquer toute l'histoire au vieil homme car c'est lui qui leur raconte une histoire incroyable !

25   L'histoire d'un jeune homme qui voulait devenir ostréiculteur, comme son père et son grand-père et son arrière-grand-père avant lui. Sauf que :

–   Il n'était pas très doué, le pauvre ! Et fragile, avec ça ! Toujours malade, toujours de la fièvre... Et surtout, son père était un

30   imbécile !

---

11 (n'avoir) rien à voir avec nichts zu tun haben mit – 14 jouer un sale tour à qn jdm übel mitspielen –
17 une maison de retraite Altersheim – 21 avoir honte sich schämen – 22 une rumeur un ragot –
28 être doué, e begabt sein – 28 avec ça ici : en plus – 29 la fièvre Fieber – 30 un/une imbécile un/une idiot, e

Sévère, méchant, le père du suspect terrorisait tous les jours sa femme et ses trois enfants, racontait le vieux Justinou.

- Vous, vous ne l'avez pas connu, et vos parents ne s'en souviennent peut-être pas. Mais il était mauvais comme tout ! Et par méchanceté, quand il a pris sa retraite, il a vendu son élevage à un étranger, au lieu de le laisser à son fils !

Blessé, son fils avait dû quitter la maison familiale et partir vivre à Bordeaux.

- Il avait beaucoup trop peur de son père pour se venger de lui, alors, il a commencé à détester celui qui avait acheté l'élevage de sa famille. Et petit à petit, il a commencé à détester tous les ostréiculteurs du Bassin...

Les jeunes commencent à peine à comprendre l'histoire que leur raconte le vieux Justinou. Mais ils n'ont pas le temps de lui demander comment il a découvert la vérité car le taxi vient de s'arrêter.

La Dune du Pyla

1 **sévère** streng – 1 **terroriser qn** faire peur à qn – 4 **comme tout** *fam* vraiment – 5 **la méchanceté →** méchant – 5 **prendre sa retraite** arrêter de travailler en fin de carrière – 6 **un étranger, une étrangère** Fremder, Fremde – 7 **blessé, e** verletzt – 11 **petit à petit** nach und nach – 13 **à peine** eben erst

– On est arrivés à la Dune du Pyla ! C'est le terminus du car ! Je pense que votre suspect n'ira pas plus loin ! Qu'est-ce qu'on fait ?

Le chauffeur de taxi attend une réponse. Justinou se tourne vers les
5 amis, excité comme un enfant.

– Regardez, il grimpe en haut de la dune ! Je crois qu'il prépare encore un mauvais coup ! Vite ! Allez-y ! Suivez-le ! Vous êtes jeunes ! Vous pourrez le rattraper ! Empêchez-le de faire encore du mal ! Moi, je vous attends ici, et j'appelle la police ! Allez ! Vite !
10 Vite !

La Dune du Pyla est la plus haute dune d'Europe. Des milliers de touristes grimpent jusqu'au sommet chaque année pour apercevoir la vue magnifique qu'on a sur l'océan. Sauf que là, les jeunes n'ont pas le temps d'admirer le panorama ! La montée est difficile,
15 très difficile. La pente est raide, le sable glisse sous les pieds, ils trébuchent et tombent dès qu'ils accélèrent ! Mais ils doivent continuer. Ils n'ont pas le choix ! Parce que si Justinou a raison, ils doivent rattraper le suspect pour éviter une nouvelle catastrophe ! Ils courent, ils courent, mais c'est de plus en plus difficile ! Enfin,
20 ils arrivent au sommet, ils voient l'homme qui sort quelque chose de sa poche ! Oh mon Dieu ! Qu'est-ce qu'il prépare ? Comment le stopper ?

– Monsieur Bulot !! Monsieur Bulot ! Arrêtez !! Arrêtez tout de suite !

25 C'est Greg qui a crié. Surpris, l'expert se retourne et aperçoit les quatre jeunes gens. Il a un sourire méchant.

– Trop tard ! Vous arrivez trop tard !

À ce moment, un hélicoptère de police arrive au-dessus de la dune...

***

---

1 **le terminus** dernière station d'une ligne de transports – 4 **vers qn** in jds Richtung – 7 **un mauvais coup** *fam* un crime – 12 **un sommet** point qui se trouve en haut d'une montagne – 14 **une montée** → monter – 15 **une pente** Steigung – 15 **raide** steil – 15 **glisser** *ici* : rutschen – 16 **trébucher** stolpern – 17 **un choix** → choisir

– Mais alors, qu'est-ce qu'il voulait faire ?

– Il avait posé des bombes au milieu des parcs à huîtres, et voulait tout faire exploser ! Et lui, pendant ce temps, il aurait regardé depuis la dune, avec ses jumelles !

Les Biguet, Greg et quelques amis ostréiculteurs, tous sont dans le salon des Flaubert. Mais la star du jour, celui qui est au centre de toute l'attention, c'est Amédée Justinou ! Le vieil homme est rouge de fierté ! Normal : c'est le seul qui avait tout compris !

– C'est grâce à vous que nous avons encore nos parcs, Amédée !
10   Nous avons perdu une récolte, mais au moins, nous pouvons continuer à travailler !

– En plus, les assurances vont nous aider, puisque grâce à vous, nous avons prouvé qu'il y avait un crime ! En plus, vous avez trouvé le vrai coupable !

15 Alain Flaubert rigole en regardant ses enfants qui sont eux aussi rouges... mais de honte !

– Oh ! Ce n'était pas bien difficile ! Déjà, parce que moi, je connaissais l'histoire de sa famille ! Quand il était petit, le jeune Bulot était tout le temps dehors, avec les huîtres, même quand il
20   était malade ! Et on a tous su quand son père a vendu l'élevage. D'ailleurs, aucun des ostréiculteurs d'ici ne voulait l'acheter, l'élevage du vieux Bulot. Tout le monde pensait que c'était l'héritage du fils. Le père n'avait pas le droit de le vendre comme ça ! C'est pour ça qu'il a dû trouver un acheteur étranger, un
25   Parisien ! Et le fils Bulot, eh bien il a préféré partir. Le Parisien, il a tenu deux ans, puis il en a eu marre et il est reparti, et c'est votre père, Alain, qui a racheté l'élevage. Quand on a su que le jeune Bulot était devenu expert sanitaire, on a cru qu'il avait oublié, ou pardonné. Mais une nuit, je l'ai vu passer devant chez moi. J'ai
30   trouvé ça bizarre. Et le lendemain, j'ai appris, pour les naissains ! À partir de là, j'ai mené ma petite enquête, et voilà !

4 **depuis (la dune)** von (der Düne) aus – 4 **les jumelles** *fpl ici* : Fernglas – 6 **un salon** Wohnzimmer –
6 **au centre de qc** au milieu de qc (*ici :* im Mittelpunkt) – 8 **être rouge de fierté** vor Stolz platzen –
10 **une récolte** Ernte – 12 **puisque** parce que – 23 **un héritage** Erbe – 24 **un acheteur** → acheter –
26 **tenir** *ici :* durchhalten – 27 **racheter** → acheter – 31 **mener une enquête** eine Untersuchung durchführen

– En tout cas, heureusement que vous aviez prévenu la police, et qu'ils ont pu empêcher Bulot de déclencher les bombes, là-haut, sur la dune !

Satisfait, le vieil homme rigole doucement.

5 – Oui, heureusement que j'étais là, vous avez raison ! Parce que si on avait dû faire confiance à ces quatre amateurs ! Même pas capable de suivre un vieil homme ! Ah là là ! Quelle jeunesse ! Tenez, resservez-moi de ce petit blanc, Alain ! À la vôtre, messieurs, dames ! À la vôtre !

1 **en tout cas** jedenfalls – 1 **prévenir** *ici :* appeler – 2 **déclencher** *ici :* zünden – 4 **satisfait, e** content, e –
4 **doucement** *ici :* sans faire de bruit – 6 **faire confiance à qn** jdm vertrauen – 7 **être capable de faire qc** pouvoir faire qc – 8 **resservir** → servir (*ici :* einschenken) – 8 **un petit blanc** petit vin blanc –
8 **À la vôtre !** Zum Wohl!

Les régions de France

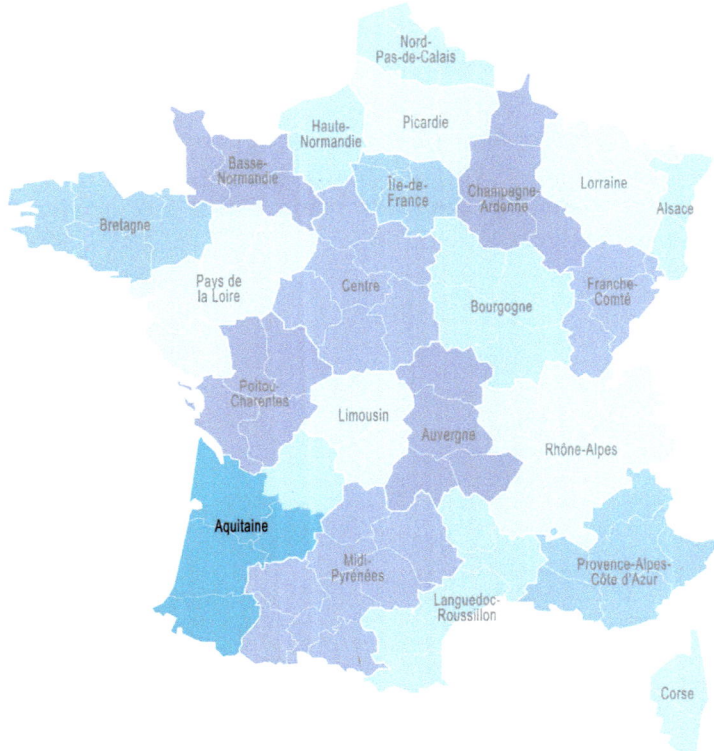

La région Aquitaine

Activités après l'écoute ou la lecture

Chapitre 1

1 Que veut ce personnage ?

Relisez le premier paragraphe p. 8. À votre avis, que va faire le personnage qui parle ?

2 Écoutez le texte et répondez aux questions.

1. Pourquoi Alain Flaubert est-il en colère et désespéré ?

2. Qu'est-ce qui peut ruiner un ostréiculteur ?

3. Que veut trouver Alain Flaubert ?

3 Alain Flaubert.

Trouvez les mots justes pour décrire Alain Flaubert d'après le paragraphe p. 10.

4 Cochez la bonne réponse. Si la réponse est fausse, écrivez la bonne !

	vrai	faux	pas dans le texte
1. Monsieur Bulot est petit et rond.	☐	☐	☐
2. En fin d'année, les affaires sont toujours mauvaises.	☐	☐	☐
3. Alain Flaubert a souvent déménagé.	☐	☐	☐
4. L'ostréiculteur préfère sa femme à ses huîtres.	☐	☐	☐
5. Les huîtres étaient parfaites la semaine dernière.	☐	☐	☐
6. L'ennemi d'Alain Flaubert n'est pas une algue.	☐	☐	☐

5 Une spécialité régionale (travail en groupes).

Le Bassin d'Arcachon est célèbre pour la culture des huîtres depuis plusieurs siècles. Sur Internet, cherchez des informations sur (au choix) :

a. l'histoire de l'huître dans la région

b. la culture de l'huître

c. les autres activités autour du Bassin

Présentez le résultat de vos recherches à la classe.

Chapitre 2

1 Après l'écoute du chapitre 2, cochez la bonne réponse. (Plusieurs réponses sont possibles !)

3-4

1. Alain Flaubert a pris le tram parce que
a. il n'a pas de voiture. ☐
b. il adore voyager en tram à Bordeaux. ☐
c. c'est plus rapide que le bus. ☐

2. Le laboratoire de son ami est
a. à deux pas du centre-ville. ☐
b. à Paris. ☐
c. dans un immeuble moderne. ☐

3. D'habitude, les deux amis prennent
a. un café chez Alain. ☐
b. quelques huîtres chez Dupeigne. ☐
c. l'apéro dans un bar. ☐

4. L'huître, c'est
a. un légume de mer. ☐
b. un fruit de mer. ☐
c. un mollusque. ☐

5. Dans le train, Alain Flaubert se demande si
a. son ami s'est trompé. ☐
b. quelqu'un veut le ruiner. ☐
c. d'autres ostréiculteurs ont le même problème. ☐

2 Résumez !

Racontez la journée d'Alain Flaubert pour résumer le chapitre.

3 Complétez les phrases.

1. Comme souvent, Alain Flaubert _____ pour aller à Bordeaux.

2. À Bordeaux, il va voir son ami, le _____ Dupeigne. 3. Pour savoir si les huîtres sont malades, le scientifique doit les _____ au microscope. 4. Il découvre que les mollusques n'ont pas la dinophysis, mais qu'il y a eu un _____ 5. Par contre, on ne sait pas encore si Alain Flaubert est la seule _____ ou s'il y a plusieurs ostréiculteurs touchés. 6. Et on ne sait pas non plus qui a fait une _____ aussi horrible.

4 Un dialogue.

Imaginez et jouez le dialogue entre Alain Flaubert et Henri Dupeigne. Attention : vous ne devez pas apprendre le texte par cœur ! Trouvez vos propres mots ! Et amusez-vous à trouver une mise en scène pleine de suspense...

Chapitre 3

5-7 **1** Écoutez le texte et répondez aux questions.

1. Où a lieu la réunion de crise ?

2. Que fait le mari de Leïla Biguet ?

3. Pourquoi Marcel veut-il arrêter de travailler ?

4. Pourquoi le vieux Justinou déteste-t-il les ostréiculteurs ?

2 Trouvez des synonymes (=) ou des antonymes (≠) pour les mots suivants. Si vous ne trouvez pas un seul mot, vous pouvez paraphraser (faire une phrase).

a. personne n'écoute le responsable   (≠) _____

b. un sujet grave   (=) _____

c. des résultats terribles   (≠) _____

d. le meilleur ami   (=) _____

e. une fille timide   (≠) _____

f. une région qu'il aime   (=) _____

g. une situation dramatique (≠) _____

h. un vieux fou   (=) _____

3 Classez les actions suivantes par ordre chronologique. Si vous avez raison, vous allez trouver un personnage principal de l'histoire !

T
Les ostréiculteurs s'énervent un peu.

U
Émilie se ronge les ongles.

H
Les ostréiculteurs se réunissent à Gujan-Mestras.

E
Les Flaubert rencontrent Amédée Justinou.

R
Tout le monde vote pour appeler la police.

I
Leïla Biguet se lève et prend la parole.

1	2	3	4	5	6

Chapitre 4

 1 Qui sont-ils ?

Après l'écoute ou la lecture du chapitre 4 vous connaissez tout le monde. Faites maintenant le portrait des personnages principaux.

2 Le bon résumé.

Quel est le bon résumé ? Choisissez !

> 1. Les garçons vont au marché des Capucins. Pendant ce temps, les filles cherchent le coupable au café. Les marchands, eux, ne sont pas contents, parce qu'un *serial killer* a empoisonné la femme du vieux Justinou. Et comme les parents de Greg ne sont plus là, ce sont eux qui doivent enquêter !

> 2. Émilie et Louis décident de jouer aux détectives, et de trouver eux-mêmes le coupable. Avec leurs amis, ils vont à la bibliothèque et au cybercafé, à Bordeaux, pour chercher des informations. Au marché, les gens pensent que c'est peut-être un *serial killer* qui a empoisonné les huîtres. Ou monsieur Justinou, dont la femme est morte, avec les parents de Greg.

> 3. Les enfants Flaubert et leurs amis vont vendre leurs huîtres au marché des Capucins. Là, ils rencontrent les marchands qui pensent que le vieux Justinou a tué sa femme. Tous décident de mener l'enquête. Pour cela, ils mettent une affiche au café du marché.

3 Mots cachés.

Dix mots du chapitre 4 sont cachés dans cette grille. Ce sont des choses qu'on peut acheter au marché des Capucins. Pour t'aider, tu peux aussi chercher sur Internet.

Attention, les mots peuvent être à l'horizontal, à la verticale et même à l'envers !

A	S	B	H	J	N	O	T	H	F	Y	D	G	H	X	Z	O	P	U	R
B	I	R	A	O	R	V	U	U	S	O	A	E	C	N	I	A	N	T	O
F	R	N	P	F	Y	R	L	N	I	S	R	U	E	L	F	Z	O	R	X
I	C	A	O	L	I	V	E	S	B	E	O	S	G	I	R	V	N	A	M
R	O	L	I	A	X	A	N	O	S	R	A	L	F	R	U	I	T	S	I
O	F	I	S	C	A	R	O	C	I	T	M	U	R	O	B	A	E	T	M
F	A	J	S	O	P	U	R	I	L	I	G	E	N	P	S	N	T	I	A
R	F	R	O	M	A	G	E	D	O	U	R	I	O	E	I	D	A	V	M
O	I	V	N	E	I	N	K	U	C	H	A	R	C	U	T	E	R	I	E
B	Z	A	M	P	N	D	Y	P	J	U	R	Z	A	L	E	O	V	N	G
G	I	R	X	H	J	I	E	L	S	O	E	V	I	S	K	S	A	U	R

4 Une visite à Bordeaux (travail en groupes).

Imaginez que vous faites un voyage scolaire à Bordeaux. Qu'est ce que vous aimeriez visiter ? Préparez ce voyage à partir des photos du livre et des informations que vous trouverez sur Internet (tapez Bordeaux + tourisme dans le moteur de recherche[1]). Pensez aux places, aux monuments, aux musées, mais aussi aux quartiers de Bordeaux, aux spécialités, à la région… et même au foot !

1 **un moteur de recherche** Suchmaschine

Chapitre 5

 1 Relisez ou réécoutez le chapitre et répondez aux questions.

1. Que font les amis après la visite du marché des Capucins ?

2. Comment sont morts les parents de Greg ?

3. Que veulent faire les amis avec le vieux Justinou ?

2 Imaginez et écrivez.

Vous êtes un des quatre adolescents. Décrivez votre journée dans votre journal intime, ou par mail à un/e ami/e.

3 Complétez.

1. Après le marché, les amis vont _____ un chocolat.

2. Les filles veulent _____ le rapport entre Greg et Justinou.

3. Tout le monde croit que l'empoisonnement est une _____ personnelle.

4. D'après les jeunes, Justinou n'est pas très _____ .

5. En même temps, ils n'ont pas d'idées pour un autre _____ .

6. Émilie propose de _____ en attendant la suite de l'enquête.

4 Réflexion.

Que pensez-vous de l'idée des amis de mener eux-mêmes l'enquête ? Que feriez-vous à leur place ? Pensez-vous qu'ils peuvent arriver à trouver le suspect ? Discutez et argumentez en classe.

Chapitre 6

1 Après l'écoute du chapitre 6, cochez la bonne réponse. Si la réponse est fausse, écrivez la bonne !

	vrai	faux	pas dans le texte
1. Le criminel a frappé une troisième fois.	☐	☐	☐
2. Presque tous les ostréiculteurs sont au Cap Ferret.	☐	☐	☐
3. Greg et Nanou boivent un café.	☐	☐	☐
4. Justinou vient tous les dimanches au marché.	☐	☐	☐
5. Louis surveille le vieux toute la nuit.	☐	☐	☐
6. Monsieur Bulot court derrière un bus.	☐	☐	☐

2 Résumez !

Si vous avez bien lu le chapitre 6, écrivez un résumé en utilisant le vocabulaire ci-dessous.

> frapper – naissains – jour de marché – réunion – surveillance – s'endormir – nouvelle attaque

3 C'est tout le contraire !

Trouvez les antonymes (≠).

a. Debout près du téléphone, Alain Flaubert est tout rouge.

_____

b. Quelqu'un essaie de le ruiner. C'est une histoire très sérieuse.

_____

c. Les amis n'ont aucune piste, aucun nouvel élément.

_____

d. Greg est resté éveillé toute la nuit.

_____

e. L'expert a l'air stressé.

_____

4 Un peu de tourisme.

Les ostréiculteurs se retrouvent au Cap Ferret. Sur Internet, trouvez des informations sur cet endroit, et présentez-les à votre classe.

Chapitre 7

 1 Écoutez ou lisez le texte et répondez aux questions.

1. Où se trouvent la journaliste Morgane Giclé et son équipe ?
2. Qu'est-ce qui a brûlé ?
3. Combien de temps est-ce que Greg a dormi ?
4. Qui est-ce qui est interviewé par la journaliste ?
5. Que pense Nanou à la fin du chapitre ?
6. Pourquoi est-ce qu'Émilie est étonnée de trouver un briquet dans la poche de Greg ?

2 Complétez.

1. Pour commencer son _____ Morgane Giclé parle des

   dommages de _____ d'euros.

2. La nuit précédente, il y a eu un troisième _____ et la Maison de l'huître a brûlé.

3. D'habitude, la statue du Bassin amuse les habitants d'Arcachon, mais

   aujourd'hui, personne n'a _____ .

4. Tout le monde est _____ et veut savoir qui est le criminel.

5. Comme Greg a dormi, Justinou reste le _____ numéro 1 des jeunes.

6. En partant, quelque chose _____ de la poche de Greg.

3 À vous !

Vous êtes journaliste, et vous devez faire un reportage pour la télé !
Choisissez un sujet (en rapport avec l'histoire ou pas) et présentez votre
reportage à la classe.

Chapitre 8

1 Après l'écoute du chapitre 8, répondez aux questions.

1. Depuis combien de temps est-ce que la Maison de l'huître a brûlé ?
2. Pourquoi est-ce que les amis vont à Bordeaux ?
3. À quoi pense Émilie ?
4. Qui est-ce qu'ils voient, à Bordeaux ?

2 Cochez la bonne réponse. Si la réponse est fausse, écrivez la bonne !

	vrai	faux	pas dans le texte
1. Émilie regarde Greg dans les yeux.	☐	☐	☐
2. Louis a eu le temps de surveiller le suspect.	☐	☐	☐
3. Mais Justinou l'a vu.	☐	☐	☐
4. Aujourd'hui, les filles font aussi du shopping.	☐	☐	☐
5. Les amis ne savent plus que faire.	☐	☐	☐
6. Justinou poursuit son voisin avec un fusil.	☐	☐	☐

3 Dialogue.

Finalement, Émilie décide de parler de Greg à Nanou. Imaginez leur
conversation, et jouez-la devant la classe.

4 Devenez détective !

La fin de l'histoire est proche ! Avant d'apprendre qui est le criminel,
écrivez qui vous suspectez, et pourquoi ! Donnez votre réponse au prof.
Les réponses seront lues après la fin de la lecture, et le/la meilleur/e
détective gagnera un prix !

Chapitre 9

1 Lisez ou écoutez le chapitre et répondez aux questions.

1. Que font les amis avec Justinou ?

2. Quelle est la réaction du chauffeur de taxi des jeunes ?

3. Où s'arrête le premier taxi ?

4. Qu'est-ce que Justinou et les amis suivent à La Teste de Buch ?

5. Pourquoi Justinou déteste-t-il les ostréiculteurs ?

6. Que veut faire le criminel sur la dune ?

2 Complétez le résumé avec le vocabulaire ci-dessous. Conjuguez les verbes, si nécessaire !

> doué – se venger – expliquer – sévère – adulte – métier – coupable – père – connaître – méchant – ostréiculteur – élevage – détester – ostréiculteurs – étranger

Dans le taxi, Justinou leur _____ comment il a trouvé le _____ . Il _____ la famille de Bulot. Son _____ était _____ et Bulot voulait lui aussi faire ce _____ .

Mais il n'était pas très _____ . En plus, son père était _____ et _____ . Pour embêter son fils, il a vendu son _____ à un _____ . Devenu _____ Bulot _____ tous les _____ et c'est pour cela qu'il veut _____ .

3 Réflexions.

Maintenant que vous connaissez l'histoire, expliquez pourquoi il s'agit d'un roman à suspense. Quels sont les éléments qui font des « Perles de Pyla » un petit roman policier ?

4 Et n'oubliez pas de découvrir qui est le ou la meilleur/e détective de la classe !

72

Une recette de Bordeaux : Les cannelés

Ingrédients[1] pour 32 cannelés :

(Normalement, les cannelés se cuisent[2] dans des moules[3] spéciaux. Mais on peut aussi prendre des moules à muffins, par exemple.)

1 litre de lait
2 œufs plus 4 jaunes
50 g de beurre
450 g de sucre en poudre
225 g de farine
3 cuillères[4] à soupe de fleur d'oranger[5]
1 gousse de vanille[6]

Préparation :

Attention: cette recette se commence un jour avant!

Faites bouillir[7] le lait avec le beurre et la vanille. Laissez refroidir[8] 30 minutes.
Mélangez le sucre avec la farine dans un saladier. Battez[9] les œufs avec les jaunes, puis ajoutez le tout petit à petit à la farine. Ajoutez le lait peu à peu et puis l'eau de fleur d'oranger. Mélangez bien ! Mettez tout dans une bouteille, puis laissez au réfrigérateur[10] 24 h.

Le jour même :

Une heure avant la cuisson[11], sortez la pâte[12] du réfrigérateur.
Préchauffez[13] votre four[14] à 240 °C. Beurrez[15] les moules, et remplissez[16]-les aux ¾ avec la pâte. Mettez au four. Après 10 minutes, baissez le four à 180 °C. Puis laissez cuire encore 50 minutes. Les cannelés doivent être bien bruns[17] à l'extérieur[18], et bien mous[19] dedans ! Démoulez[20] dès que vous les sortez du four.

---

1 **un ingrédient** Zutat – 2 **cuire** backen – 3 **un moule** Form – 4 **une cuillère** Löffel – 5 **la fleur d'oranger** Orangenblütenwasser *(in orientalischen Geschäften zu finden)* – 6 **une gousse de vanille** Vanille-schote – 7 **bouillir** kochen – 8 **refroidir** → froid (abkühlen) – 9 **battre** schlagen – 10 **un réfrigérateur** Kühlschrank – 11 **une cuisson** → cuire – 12 **une pâte** *ici* : Teig – 13 **préchauffer** → chaud **(vorheizen)** – 14 **un four** Backofen – 15 **beurrer** → beurre – 16 **remplir** füllen – 17 **brun** braun – 18 **à l'extérieur** *m* außen – 19 **mou** ≠ dur (weich) – 20 **démouler** → moule (aus der Form nehmen)

Liste des abréviations

≠	le contraire de
→	mot de la même famille
	abréviation
etw	etwas
	féminin
	familier
	féminin pluriel
jdm	jemandem
jdn	jemanden
	masculin
	masculin pluriel
	péjoratif
qc	quelque chose
qn	quelqu'un

Die Hörfassung sowie die Lösungen zu den Aktivitäten (Zugang nur für registrierte Lehrkräfte) können online abgerufen werden (s. bitte die Hinweise auf Seite 1).

Bildquellennachweis

8 Fotolia LLC (philippe Devanne), New York; **9** laif (Alexandre SIOCH AN/GAMMA), Köln; **10** laif (Philippe ROY/HOA-QUI), Köln; **12** Fotolia LLC (Gérard DEFAY), New York; **15** Fotolia LLC (Richard Villalon), New York; **18** Fotolia LLC (papinou), New York; **20** Picture-Alliance (ZB/euroluftbi), Frankfurt; **22** Fotolia LLC (papinou), New York; **25** Fotolia LLC (Papinou), New York; **27** Bernard Tocheport, www.33-bordeaux.com, FROUZINS; **28** Bernard Tocheport, www.33-bordeaux.com, FROUZINS; **31** laif (Philippe ROY/HOA-QUI), Köln; **33** laif (Philippe ROY/HOA-QUI), Köln; **34** Fotolia LLC (Richard Villalon), New York; **36** Fotolia LLC (DOMINIQUE MARIOTTI), New York; **37** shutterstock (Pat on stock), New York, NY; **40** shutterstock (Sorin Popescu), New York, NY; **42** Fotolia LLC (dominique szatrowski), New York; **43** Mme Brigitte Canovas, Ar.s; **47** Fotolia LLC (Stephane Bonnel), New York; **48** Fotolia LLC (Jacques PALUT), New York; **49** laif (Philippe ROY/HOA-QUI), Köln; **51** Dreamstime LLC (Rostislav Ageev), Brentwood, TN; **53** Wikimedia Foundation Inc. (Kvardek du, cc-by-sa 3.0), St. Petersburg FL; **56** iStockphoto (Sven Peter), Calgary, Alberta; **60** Fotolia LLC (Nimbus), New York; **61** Fotolia LLC (Floki Fotos), New York; **73** Fotolia LLC (SGV), New York

Sollte es in einem Einzelfall nicht gelungen sein, den korrekten Rechteinhaber ausfindig zu machen, so werden berechtigte Ansprüche selbstverständlich im Rahmen der üblichen Regelungen abgegolten.